Début d'une série de documents en couleur

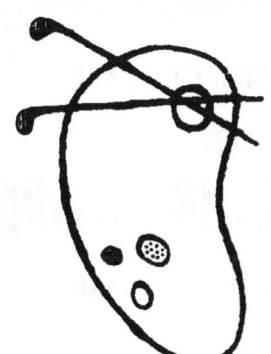

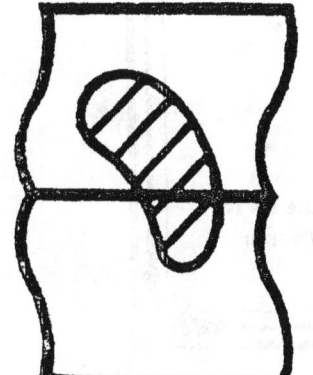

Lisibilité partielle

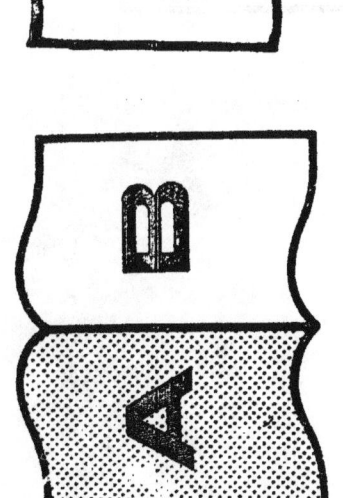

Contraste insuffisant
NF Z 43-120-14

VALABLE POUR TOUT OU PARTIE
DU DOCUMENT REPRODUIT

NOUVELLE COLLECTION A 1 FR. LE VOLUME

ERNEST CAPENDU

HOTEL DE NIORRES

LE ROI DU BAGNE

IV

PARIS
LIBRAIRIE MONDAINE
CHARLES GAUSSE, LIBRAIRE-ÉDITEUR
9, rue de Verneuil, 9

A LA MÊME LIBRAIRIE

LES VIERGES FIN DE SIÈCLE, par Jean Bruno, 1 fort volume de 395 pages environ, in-18 jésus, couverture illustrée : 2 francs

NOUVELLE COLLECTION A 1 FRANC LE VOLUME

CAPENDU (Ernest)
- Marcof le Malouin .... 1 vol.
- Le Marquis de Loc-Ronan .... 1 —
- Le Chat du bord .... 1 —
- Blancs et Bleus .... 1 —
- Mary Morgan .... 1 —
- Vœu de haine .... 1 —
- L'Hôtel de Niorres .... 4 —
- Le Roi des Gabiers .... 3 —
- Le Tambour de la 32e demi-brigade .... 3 —
- Bibi-Tapin .... 4 —
- Arthur Gaudinet .... 2 —

CHINCHOLLE (Charles)
- Le Joueur d'orgue .... 1 vol.
- Paula, roman parisien ...... 1 —
- La Grande Prêtresse .... 1 —

MONTÉPIN (Xavier de)
- Pivoine .... 1 vol.
- Mignonne .... 1 —

DAUDET (E.)
- Tartufe au village .... 1 vol.
- L'Envers et l'Endroit ...... 1 —

FOUDRAS (Marquis de)
- Suzanne d'Estouville .... 2 vol.
- Lord Algernon .... 2 —
- Madame de Miremont .... 1 —

LANDELLE (Gustave de la)
- Les Géants de la mer .... 4 vol.

NOIR (Louis)
- La Banque Juive .... 1 vol.
- Le Medecin juif .... 1 —
- Le Colporteur juif .... 1 —
- Le Roi des chemins .... 1 —
- Le Ravin maudit .... 1 —
- Le Coupeur de têtes .... 2 —
- Le Lion du Soudan .... 2 —

PIGAULT-LEBRUN
- Le Châtreur .... 1 vol.

COLLECTION SPÉCIALE, LITTÉRATURE, ROMANS

D'HERVILLY (Ernest)
Aventures d'un petit Garçon préhistorique, illustré par Frédéric Régamey, 1 vol. ..... 7 fr.

MONTET (Joseph)
Hors des Murs, illustré par Frédéric Régamey, 1 vol. ..... 5 »

BERTHET (Elie)
Mme Arnaud, directrice des Postes, 1 vol. ..... 3 fr.

FOUDRAS (Marquis de)
Les Gentilshommes chasseurs, 1 vol. ..... 2 »
L'Abbé Tayaut, 1 vol. ..... 3 »

BIBLIOTHÈQUE DES BONS ROMANS ILLUSTRÉS

AIMARD (Gustave)
- Les Maîtres espions, complet . 9 »»
- Le Loup-Garou 1 80
- Pris au piège 1 80
- Les Fouetteurs de femmes 1 80
- La Revanche 1 80
- Une Poignée de coquins 2 80

BERTHET (Elie)
- Mademoiselle de la Fougeraie . » 60
- Paul Duvert .... » 60
- M. de Blangy et les Huport .. 2 60
- Les Trois Spectres, complet . 3 60

CAPENDU (Ernest)
- La Mère l'Étape 1 80
- L'Hôtel de Niorres .... 3 »
- Le Roi des Gabiers .... 3 »
- Le Tambour de la 32e demi-brigade .... 3 »
- Bibi-Tapin 3 50
- Mademoiselle La Reine 1 80
- Siège de Paris, complet ..... 5 »

CHARDALL
- Trois Amours d'Anne d'Autriche. 1 20
- Capitaine Dix 1 20

DUPLESSIS (Paul)
- Les Boucaniers .... 3 »
- Les Étapes d'un volontaire .. 3 »
- Les Mormons 2 40

NOIR (Louis)
- Jean Casse-Tête .... 3 »
- Le Trésor d'Oueda .... 3 »
- Mort et ressuscité 1 50
- Le Corsaire noir 2 40
- Les Mystères de la Savane ... 1 50
- Le Pacte de sang .... 1 »
- Le Roi des Chemins, complet . 5 »
- Le Roi des Chemins 1 50
- Le Trou de l'enfer .... 2 »
- La Ville fantôme 1 50
- Les Goëlands de l'écluse, complet .... 3 »

Imprimerie Paul SCHMIDT, Paris-Montrouge (Seine).

Fin d'une série de documents
en couleur

L'HOTEL
DE NIORRES

ERNEST CAPENDU

L'HOTEL
DE NIORRES

TOME QUATRIÈME

LIBRAIRIE MONDAINE
Ancienne Maison d'Édition DEGORCE-CADOT
GAUSSE, ÉDITEUR
9, rue de Verneuil, 9
PARIS

VI

LES CADAVRES

Une heure après, la nuit, descendant rapidement sur la terre, enveloppait de ses voiles épais les campagnes de la province de l'Ile-de-France. Le ciel qui, durant le jour, avait été d'une limpidité merveilleuse, avait changé d'aspect quelques instants avant le coucher du soleil. De chaudes vapeurs, se dégageant de la terre, s'étaient élevées peu à peu, comme pompées par les dernières ardeurs des rayons lumineux. Le soleil, déclinant rapidement, avait apparu au-dessus de la cime des arbres comme un gros globe rougeâtre ; puis, s'abaissant encore à l'horizon, il s'était effacé progressivement derrière les feuilles à demi dévorées par la poussière brûlante, et disparaissant soudain, il avait lancé, comme un dernier adieu, un jet suprême de lumière orangée. Alors les vapeurs flottant au-dessus de la campagne s'étaient condensées en nuages, et une forte brise d'ouest, s'élevant brusquement, les avait amoncelées en masses menaçantes.

La nuit était venue, et aucune étoile ne brillait au ciel. Des nuages noirs interposaient leur opacité entre la terre et les lueurs argentées de la lune. Le vent était tombé tout à coup, aussi soudainement qu'il s'était levé, et la chaleur, un moment combattue par la brise, se faisait de nouveau sentir plus écrasante et plus fatigante encore. L'air était chargé d'électricité, l'oxygène se raréfiant, rendait plus pénible la respiration. Les plantes elles-mêmes paraissaient souffrir, les herbes se courbaient et les grands arbres projetaient, sur l'horizon sombre, la masse noire de leur feuillage immobile. Enfin, tous les pronostics de l'un de ces orages violents qui éclatent si fréquemment à cette époque de l'année, décelaient l'imminence d'un bouleversement dans l'atmosphère.

Un silence absolu régnait dans la plaine. Le chant des oiseaux s'était éteint avec le dernier rayon du soleil, et l'air était devenu tellement lourd, qu'il semblait ne plus permettre à ces mille bruits ordinaires, qui animent la nature, de traverser l'espace.

Neuf heures venaient de sonner à la petite église gothique de Corbreuse. Sur la route conduisant de ce village à celui de la Forêt-le-Roi, passé le carrefour où Fouché avait un moment arrêté la berline avant de se diriger vers l'auberge isolée, deux hommes suivaient à cheval le chemin que venait de parcourir la berline.

Les deux cavaliers semblaient également faire route vers l'auberge. La nuit noire, qui régnait autour d'eux et les enveloppait de ses ombres épaisses, ne permettait pas de distinguer leurs traits ; mais au son de la voix (tous deux causaient à voix basse et avec animation), on devinait aisément que ces deux hommes étaient encore jeunes. Les chevaux paraissaient frais comme sortant de l'écurie.

Au moment où ils venaient de dépasser le carrefour, et où ils s'étaient engagés dans le chemin assez mauvais conduisant à la maison isolée, une rafale subite s'était élancée en mugissant sur la plaine, courbant les cimes des arbres, tordant les branches, arrachant les feuilles, faisant crier les troncs et emportant, dans des tourbillons rapides, les herbes qu'elle éparpillait avec fracas.

— Oh! oh! dit l'un des deux cavaliers, l'orage va éclater, maître Jonas !

— Est-ce que tu as peur de l'eau, Roquefort? répondit en souriant l'autre voyageur.

— Peur d'un orage dans ce pays! fit Roquefort en haussant les épaules. Ces orages-là sont des pluies bonnes à effrayer les chats, voilà tout. Nous autres Avignonnais, nous sommes habitués à entendre le mistral rouler autrement que ne grelottent vos brises du nord, et quand la tempête mugit sur le Rhône, elle fait un autre bruit que celui que nous entendons! D'ailleurs, peu importe la tempête, ce qui m'importe, c'est de savoir si tu m'as dit la vérité.

— Puisque j'ai vu !

— Tu as vu quoi ?

— Les chevaux morts et les hommes mangeant et buvant.

— Et tu es certain qu'ils buvaient ?

— Les bouteilles étaient sur la table, les verres à demi-pleins et la nappe déjà tachée !

— Alors le coup a réussi ?

— C'était immanquable, je te l'avais bien dit. Quand

j'ai vu que Fouché relevait si attentivement les traces de ton cheval, je me suis douté qu'il ne tilerait pas sur Corbreuse et qu'il viendrait par ici. Alors j'ai fait tout préparer à l'auberge. L'affaire du vin était assez bien imaginée, hein ?

— Oui, répondit Roquefort, et elle a surtout été parfaitement préparée. Je t'en fais mes compliments.

— J'étais bien certain que Rubis jouerait son rôle à merveille. Ce petit drôle-là possède une intelligence réellement remarquable.

— A propos, qu'est-il devenu ? Serait-il resté à l'auberge ?

— Je ne crois pas. Lorsque je me suis avancé jusque-là tout à l'heure, avant de venir te rejoindre, j'ai fait le signal ordinaire. Si Rubis eût été dans la maison, il m'eût répondu, et personne n'a répété le cri d'appel.

— Mais alors, où est-il ?

— Dans les bois peut-être. Les choses mises en train, il se sera sauvé. Oh ! je ne suis pas inquiet de lui ! Rubis se tire toujours d'affaire.

En ce moment un éclair rapide embrasa l'horizon, et un coup de tonnerre formidable roula dans l'espace. A la lueur de l'éclair, Roquefort et Jonas avaient pu distinguer facilement, à peu de distance, les murailles blanches de l'auberge isolée.

— Trop de précautions ne sauraient nuire, dit Roquefort ; quittons nos chevaux, attachons-les à ce chêne et allons à pied jusqu'à l'auberge.

Pour toute réponse, Jonas sauta lestement à terre ; la pluie commençait à tomber, et de larges gouttes s'abattaient, avec un petit bruit sec, sur les feuilles desséchées des arbres.

Les deux hommes attachèrent leurs montures à la tige d'un jeune chêne bordant la route, et se dirigèrent à pied vers l'auberge. Les éclairs se succédaient rapidement, et la foudre grondait à intervalles si rapprochés que l'on n'entendait plus qu'un roulement incessant.

Jonas et son compagnon atteignirent rapidement la porte de la cour de l'auberge. Là, ils s'arrêtèrent. La nuit était devenue plus sombre encore, et les ténèbres étaient tellement épaisses alors que les éclairs ne les déchiraient pas de leur clarté fugitive ; il était impossible de distinguer à quelques pas devant soi.

Au lieu de pénétrer dans la cour, Roquefort fit signe à Jonas de le suivre, et, se glissant le long de la muraille, il atteignit à la hauteur des fenêtres éclairant l'intérieur de la salle basse. Roquefort se baissa et écouta attentivement.

— Je n'entends rien, murmura-t-il.
— Puisque je te dis que le coup est fait ! répondit Jonas.
— Tu crois que tous y ont passé ?
— Parbleu ! puisque tous ont mangé, tous ont bu ! Or, il n'y avait pas d'autre vin que celui que tu sais.
— Diable !
— Quoi ! tu n'es pas content ?
— Noël se fâchera !
— Noël ! répéta Jonas en tressaillant avec un sentiment de crainte ; et pourquoi se fâchera-t-il ? N'ai-je pas exécuté ses ordres ?
— Trop ! Tu les as dépassés.
— Comment ? Il avait dit qu'il ne fallait pas que les

voyageurs sortissent de l'Ile-de-France. Eh bien ! ils n'en sont pas sortis.

— Il tenait à ce que Fouché ne mourût pas !

— Ah ! fit Jonas en haussant les épaules, on ne fait pas une omelette sans casser tous les œufs ! Qu'est-ce qu'il voulait en faire de son Fouché ? Et puis après ? Le coup est fait.

— Assurons-nous-en toujours, dit Roquefort en se haussant vers l'appui de la fenêtre.

L'orage éclatait dans toute sa furie ; la pluie tombait à torrents et le vent emportait des nuages de feuilles, de branches et d'herbes fauchées par la tempête. Roquefort, l'œil appuyé contre les vitres, cherchait à faire pénétrer son regard dans l'intérieur de l'auberge.

Tout à coup un éclair formidable déchira les nues et inonda la campagne d'une clarté brillante. A sa lueur resplendissante, le compagnon de Jonas put contempler le plus étrange spectacle. Cinq hommes occupaient l'intérieur de la salle basse. Deux de ces hommes étaient étendus sur le carreau qui recouvrait le plancher : deux autres étaient assis devant une table encore chargée de mets, et se tenaient le corps renversé en arrière ; le cinquième gisait près de la cheminée. Tous cinq présentaient l'aspect d'une immobilité cadavérique.

Quelque rapide qu'eût été la lueur produite par l'éclair, Roquefort avait eu le temps de contempler ce singulier tableau.

— Tu as raison, dit-il en se tournant vers Jonas, ils ont bu !

— Quand je te l'affirmais ! fit Jonas en haussant les épaules.

— Mais, reprit Roquefort, ils étaient sept et je n'en vois que cinq !

— Les deux autres seront allés mourir ailleurs.

— C'est ce qu'il faut que nous sachions ; viens !

Les deux hommes regagnèrent l'entrée de la cour dans laquelle ils pénétrèrent sans hésiter.

Roquefort fit quelques pas et trébucha ; son pied venait de rencontrer un obstacle solide ; Jonas le retint.

— Prends garde, dit-il ; c'est le cadavre de l'un des chevaux.

— Et voici celui de l'autre, ajouta Roquefort en désignant une masse noire gisant sur le sol.

En ce moment un nouvel éclair, aussi splendidement lumineux que le précédent éclaira la cour. Entre les deux chevaux morts, Roquefort et Jonas aperçurent un corps étendu.

— Fouché ! murmura Roquefort.

— Et le soldat ! ajouta Jonas en désignant un second corps également privé de mouvement. Ça fait bien sept !

Un coup de tonnerre effrayant éclata soudain avec un bruit tellement sec, tellement strident, que les deux hommes s'arrêtèrent comme si le fluide électrique les eût frappés.

— Le feu ! cria Jonas en désignant l'un des petits corps de bâtiment de l'auberge.

En effet, la foudre venait de tomber sur la toiture en chaume de l'écurie ; et l'incendie, allumé par le redoutable phénomène, se propageait tout à coup avec une rapidité inouïe.

— Tant mieux ! dit Roquefort avec joie ; le coup est

fait et le diable vient à notre aide pour anéantir les preuves.

— Alors filons !

— Tu oublies les poches des bourgeois ; ils avaient leurs bourses bourrées de louis et d'écus ; il ne faut jamais perdre l'occasion, quand elle se présente.

— Au fait, fit Jonas, ça sera un à-compte sur la récompense que nous a promise Noël !

Roquefort était déjà dans la salle basse ; Jonas l'y suivit. L'incendie qui venait de s'allumer, et que combattait la pluie tombant à flots, rendait lumineux l'intérieur de la maison.

Les cinq hommes gisaient toujours dans la même situation. C'était Augereau qui était étendu près de la cheminée. Brune et Gorain étaient couchés sur le carreau. A quelques pas Jean et Gervais étaient assis devant la table. Le plus profond silence régnait dans la pièce, et l'immobilité complète, absolue de ces cinq hommes, avait quelque chose de saisissant et de terrifiant. C'était l'image de la mort dans toute sa roideur effrayante.

Jonas et Roquefort s'avancèrent cependant sans hésiter.

Quiconque eût assisté à cette scène, eût cru certes être le jouet du plus horrible rêve d'une imagination en délire. Cette table maculée de vin, ces verres à demi-vidés, ces assiettes brisées, ces sièges renversés, tous les symptômes enfin d'une lutte énergique ou d'une agonie furieuse ; ces cinq hommes, ces cinq cadavres immobiles, les uns gisant à terre, les autres étreignant la table d'une main demeurée crispée ; ces yeux fixes, ces bouches entr'ouvertes et contractées par un dernier cri ; puis ce spectacle de désolation éclairé par la lueur rougeâtre d'un incendie naissant qui en rendait l'effet plus saisissant encore ; au dehors le bruit de la foudre et celui de la tempête, et ces deux bandits venant, sans honte et sans crainte, chercher leur proie et fouiller ces cadavres, tout cela offrait un tableau que le peintre le plus habile eût à peine pu rendre et que nous ne saurions essayer de décrire.

— Voilà les deux bourgeois, dit Roquefort d'une voix parfaitement calme en désignant successivement Gorain et Gervais ; à toi celui-ci, à moi celui-là, et, au petit bonheur, point de partage !

Et, tandis que Roquefort se dirigeait vers le groupe formé par les corps immobiles du maître d'armes et du propriétaire de l'avocat Danton, Jonas s'avança vers la table sur laquelle étaient renversés, sans mouvement Jean et Gervais. Chacun des deux bandits se hâta de se mettre à l'œuvre ; mais à peine se baissaient-ils tous deux, qu'ils se redressèrent avec un même mouvement aussi brusque, aussi spontané.

— Il a bougé ! s'écria Jonas.
— Hein ! fit Roquefort en reculant.

Ils ne purent, ni l'un ni l'autre, ajouter un mot, ni même pousser un cri. Quatre mains énergiquement vigoureuses venaient de saisir Jonas, de le terrasser et de le mettre hors d'état de tenter le plus léger moyen de résistance, tandis que dix doigts de fer, valant à eux seuls les quatre mains qui étreignaient Jonas avaient à demi étranglé Roquefort.

— Un cri, un geste, un mouvement, et je t'achève ! dit la voix cuivrée de Brune.

— Si tu bouges, si tu miaules, tu es mort ! dit en

même temps Augereau qui, à l'aide de Jean, attachait solidement les bras et les jambes de Jonas.

L'opération achevée, le maître d'armes courut vers l'étudiant, lequel contenait d'une main ferme les efforts que faisait Roquefort pour échapper à la strangulation.

— Morbleu! dit Augereau en souriant, vous avez une fière poigne! C'est une justice à vous rendre! Vous manieriez proprement un fleuret! Sur ce, ficelons l'olibrius!

— C'est fait! cria Jean à Nicolas, qui, au bruit de la lutte, s'était élancé dans la salle basse.

— Fouché!... où est Fouché! demanda Brune au jeune soldat.

— Il va venir sans doute, répondit Nicolas. A peine a-t-il vu les deux bandits pénétrer dans la salle qu'il s'est levé précipitamment et il s'est élancé sur la route.

— Ouf! fit Augereau en se redressant, si ces deux-là se sauront sans ma permission, je veux bien être pendu à leur place!

Et il repoussa du pied le corps rendu immobile de Roquefort. Puis, se tournant vers Gorain et vers Gervais :

— La pénitence est finie, ajouta-t-il en riant, vous pouvez remuer à votre aise.

Les deux bourgeois poussèrent un soupir et levèrent les yeux au ciel avec l'expression de martyrs douloureusement résignés. L'orage n'avait pas cessé de gronder durant cette scène rapide, et l'incendie, allumé par le feu du ciel, augmentant de fureur, triomphant de la pluie et alimenté par le vent, s'étendait avec une rapidité que rien désormais ne pouvait plus combattre. Une lumière d'un rouge ardent inondait la salle basse.

— Eh! eh! dit Augereau, est-ce que Fouché aurait l'intention de nous laisser griller ici?

— Jean! Nicolas! cria brusquement une voix partant du dehors, venez m'aider à atteler!... ne perdons pas un instant!

— Atteler? répéta Brune, tandis que les deux jeunes gens s'élançaient à l'appel de l'oratorien; mais les chevaux sont morts!

— Fouché en a trouvé d'autres! dit Augereau qui s'était avancé jusque sur le seuil de la porte. Où diable a-t-il pris ceux-là? ils sont magnifiques et ils paraissent tout frais!

Ces deux chevaux, que Fouché attelait à la berline avec l'aide du garçon teinturier et du jeune soldat, étaient ceux qui avaient amené, jusqu'à l'auberge, Roquefort et Jonas.

Avec cette perception étrangement remarquable qui lui était particulière, Fouché, alors qu'il était étendu dans la cour, jouant son rôle dans la comédie qu'il avait si habilement mise en scène, Fouché avait entendu le piétinement des chevaux qu'effrayaient les éclairs et le bruit du tonnerre. Il avait supposé naturellement que ces chevaux devaient appartenir aux deux bandits, et tout aussitôt, de cette supposition était né un nouveau plan de conduite. Ainsi que l'avait dit Nicolas, à peine Fouché avait-il vu Roquefort et Jonas entrer dans la salle basse, qu'il s'était élancé pour s'emparer des bêtes qui devaient lui être d'un si puissant secours.

Laissant ses compagnons se tirer d'affaire avec les bandits, ne songeant pas un seul instant aux dangers qu'ils pouvaient courir en présence de deux hommes armés et déterminés, ni à leur prêter assistance, il s'était précipité sur la route. A la lueur des éclairs, il avait aperçu les deux chevaux attachés au jeune chêne, mais en présence de l'incendie qui éclatait dans toute sa violence, au bruit du tonnerre roulant avec fracas, au milieu des tourbillons de vent emportant dans leur course furieuse les épaves projetées par la tempête, il avait fallu toute l'énergique assistance de Nicolas et de Jean, pour aider Fouché à atteler les deux animaux affolés de terreur.

— En voiture ! vivement !... cria l'oratorien après avoir attaché la dernière longe. Augereau, et vous Brune, transportez ici les deux prisonniers. Vous, Jean, et vous, Nicolas, allez prendre dans le cellier le jeune garçon que j'ai pu rattraper dans la plaine... mais, pour Dieu ! faites vite !

— Quoi ! dit Augereau, nous allons emporter avec nous les deux hommes et l'enfant ?

— Que voulez-vous en faire ?

— Parbleu ! les laisser ici ; ils deviendront ce qu'ils pourront !

Fouché haussa les épaules :

— Il faut qu'ils nous servent, dit-il d'une voix brève, et ils nous serviront ! Ce sont les armes employées par nos ennemis que nous retournerons contre eux !

— Fouché a raison, dit Brune en traînant Jonas vers la portière de la berline.

— Mais pourquoi nous embarrasser des trois ? Emmenons-en un, dit encore Augereau en voyant avec regret les meilleures places de la berline prises par les deux hommes.

Fouché ne lui répondit point.

— A vous, Messieurs, dit-il à Gorain et à Gervais ; montez vivement !

Les deux bourgeois n'étaient plus reconnaissables ; la terreur qu'ils ressentaient avait décomposé leurs traits et avait étouffé complètement le peu d'intelligence que possédait leur cervelle étroite. Pour les contraindre à jouer leur rôle muet dans la scène qui venait d'avoir lieu, il avait fallu recourir aux menaces les plus violentes. Une paire de pistolets que Jean et Brune tenaient à la main, cachée sous leurs vêtements, était l'argument irrésistible qui avait obligé Gorain et Gervais à conserver une immobilité absolue.

Cette situation critique avait mis le comble aux sensations pénibles qui avaient déjà si violemment ébranlé ces constitutions, peu faites pour résister aux grands événements. Aux paroles de Fouché, ils s'avancèrent, obéissant comme deux pauvres machines mues par une force supérieure, et ils montèrent dans la voiture comme deux êtres privés de raison. Roquefort et Jonas étaient attachés sur la banquette du fond ; Gorain et Gervais se placèrent en face d'eux.

Tout à coup les yeux de Gorain se dilatèrent, un cri rauque jaillit à demi de sa gorge, et, saisissant la main de Gervais, il l'étreignit avec une violence tout à fait en dehors de ses habitudes. Gervais, arraché brusquement à sa stupeur, suivit la direction des regards de son ami ; le malheureux propriétaire avait les yeux fixes et pour ainsi dire rivés sur Roquefort.

— M. Roger ! murmurait-il.

En ce moment Jean et Nicolas revenaient dans la cour, portant dans leurs bras le jeune homme que les voyageurs avaient trouvé, à leur arrivée, seul dans l'auberge.

— Augereau, dit rapidement Fouché, montez sur le siège, prenez les rênes. Vous conduirez. Nicolas sera près de vous. Vous connaissez le pays, je crois ?

— Parfaitement ! répondit le maître d'armes.

— Route de la Forêt-le-Roi, alors !

— Très bien !

Et tandis qu'Augereau grimpait lestement à son poste, Fouché se retourna pour aider Jean et Nicolas. Cette scène rapide avait empêché l'oratorien d'entendre l'exclamation à demi étouffée de Gorain et les paroles qu'il avait murmurées, mais Roquefort avait surpris l'une et entendu les autres. En voyant les deux bourgeois, son regard terne s'était allumé soudain et avait brillé d'un feu joyeux. Le troisième prisonnier fut placé près des deux premiers, puis Fouché, Jean et Brune montèrent à leur tour.

Les chevaux se cabraient, impatients de fuir cette cour qu'éclairait l'incendie. Augereau rendit la main, la berline fut enlevée au galop. Les flammes envahissaient alors le principal corps de bâtiment. La tempête avait diminué de force, mais des rafales bruyantes, soufflant sans relâche, courbaient les langues de feu et leur donnaient une activité plus grande. La route était lugubrement éclairée au loin. La berline courait sur le chemin, défoncé par l'orage, avec une rapidité fantastique.

Fouché, repoussant Gorain et Gervais, avait pris place, ainsi que Brune, en face de Roquefort et de

Jonas. L'oratorien tenait, à la main, une paire de pistolets.

— Nous allons à Saint-Nazaire, dit-il d'une voix brève en s'adressant aux deux bandits ; bien des embûches doivent être dressées sur notre route ; vous nous préviendrez d'avance de tous les dangers que nous pouvons rencontrer. Je jure Dieu qu'au moindre retard que nous éprouverions, qu'au plus léger événement qui me paraîtrait douteux, je vous brûlerais la cervelle sans hésiter une seconde !

— Et je fais le même serment ! ajouta Brune.

— Donc, reprit Fouché, réfléchissez et prévenez-nous à temps !

Les deux hommes ne répondirent point, mais ils échangèrent un sombre regard : ils comprenaient que cette double menace ne serait pas vaine.

L'orage touchait à sa fin : la nuit était toujours obscure, le vent soufflait avec la même violence, la pluie tombait sans discontinuer, mais le tonnerre ne grondait plus qu'à de longs intervalles et, le bruit, s'affaiblissant progressivement, ne parvenait plus qu'amoindri aux oreilles des voyageurs. La berline, enlevée par les vigoureuses bêtes, dont Augereau excitait encore l'ardeur, dévorait l'espace en dépit de la chaussée défoncée et des flaques d'eau qui coupaient çà et là le chemin et le transformaient parfois en véritable torrent.

Au train dont Augereau conduisait les chevaux, il était évident que la voiture, qui venait d'atteindre la Forêt-le-Roi, traverserait le bois de Plessis, dans lequel elle allait bientôt s'engager, avant le lever du soleil.

A Voves, Fouché comptait laisser Chartres sur la

droite, et, évitant toujours les grandes routes les plus fréquentées, gagner Bonneval, pour de là se diriger sur la Flèche, en passant par Authon, Vibraye, Bouloire et Pontvallain. Cet itinéraire offrait le double avantage de suivre la ligne la plus courte, en évitant les grandes villes, et cependant de traverser des bourgs assez importants pour que l'on ne pût pas être arrêté, soit par le manque de chevaux, soit par toute autre circonstance imprévue dépendante d'un voyage aussi long.

Les chevaux, menés de main de maître, ne quittaient pas le galop : la voiture volait sur le chemin et c'était miracle qu'elle eût pu résister jusqu'alors aux secousses violentes que causaient les cahots. Enfin, comme l'aurore apparaissait radieuse à l'horizon après cette nuit désastreuse, venant comme un sourire plein d'espoir après un sanglot convulsif, les chevaux épuisés, rendus, manquant presque à chaque pas, atteignirent Voves. Des chevaux frais furent pris à la poste, et la berline courut dans la direction de Bonneval.

Mais, tandis que la voiture, après avoir traversé Voves en ne s'y étant arrêtée que le temps strictement nécessaire pour faire atteler trois vigoureux percherons, parcourt au grand trot cette route charmante tracée, durant trois lieues, au fond d'une vallée fraîche et pittoresque, il faut que nous la laissions rouler rapidement vers le but qu'elle doit atteindre, et que, faisant un brusque retour sur les événements, nous revenions plus vite encore vers la capitale du royaume. Bientôt nous retrouverons Fouché et ses amis, bientôt nous reviendrons près d'eux pour continuer avec eux le voyage entrepris ; mais nous devons, pour la clarté même de l'histoire que nous transcrivons ici, abandonner momentanément les adversaires du roi du bagne pour retourner auprès des premières victimes de l'infernal complot ourdi par l'infâme fils du marquis d'Horbigny, et son complice le comte de Sommes.

MONSIEUR DE NIORRES

Trois jours se sont écoulés depuis l'accomplissement des terribles catastrophes qui ont frappé la famille, déjà si désolée, du malheureux conseiller au parlement ; trois nuits se sont écoulées depuis cette nuit épouvantable où nous avons assisté à l'incendie de l'hôtel de Niorres, à l'arrestation du marquis d'Herbois et du vicomte de Renneville. Une aile seule de l'hôtel avait échappé à l'élément destructeur et demeurait intacte, s'élevant tristement au milieu des ruines enfumées qui l'entouraient.

M. de Niorres avait refusé obstinément de quitter cette maison à demi détruite, et qui avait été le tombeau de sa famille. Le conseiller demeurait seul avec sa belle-sœur, Mme de Niorres, et ses deux nièces, Léonore et Blanche.

Depuis la nuit où une série de forfaits odieux avait frappé tous ceux qui lui étaient si chers, M. de Niorres avait étonné les cœurs qui s'intéressaient à lui, par le brusque et étrange changement qu'il avait subi. Ce n'était plus le même homme. Le magistrat à l'esprit calme et froid, toujours maître de lui-même, contenant ses passions, et n'agissant jamais qu'après avoir mûrement et sagement envisagé ses moindres actes, ses plus légères démarches, avait fait place à un homme n'obéissant qu'à un seul sentiment, tourmenté par une unique pensée, dévoré par une passion insatiable, à un homme enfin avide de vengeance, ne vivant, ne pensant que pour punir ceux auxquels il devait tout ses malheurs. Une force factice animait ce corps brisé par tant de cruelles émotions successives, une activité fiévreuse ne permettait pas à cet esprit supérieur de prendre un seul instant de repos.

Depuis trois jours, ne dormant pas, mangeant à peine, le conseiller se montrait partout où sa présence pouvait être utile pour l'enquête qui s'établissait.

Le lieutenant de police, le lieutenant-criminel, les présidents de chambre, les magistrats chargés de l'instruction de l'affaire trouvaient toujours et à toute heure le malheureux conseiller à leur disposition. M. de Niorres se reprochait amèrement d'avoir aussi longtemps étouffé les horribles crimes dont sa famille avait été victime : il se disait que s'il eût parlé plus tôt, peut-être les coupables eussent-ils été découverts avant d'avoir accompli leurs derniers attentats.

Tout Paris, toute la cour ne s'occupaient que des événements accomplis à l'hôtel de Niorres. Les plus grands noms de la noblesse avaient cru devoir donner, au pauvre père, les témoignages de l'intérêt qu'inspirait sa situation douloureuse, en venant se faire inscrire à la porte de cet hôtel à demi détruit.

M. de Niorres avait refusé de recevoir qui que ce fût : il ne voyait que tous les gens pouvant lui apporter quelques documents relatifs au procès criminel qui allait s'entamer. A peine depuis trois jours avait-il vu deux fois ses nièces et sa belle sœur. Mᵐᵉ de Niorres, au reste, s'était renfermée avec ses filles dans son appartement, et personne n'avait essayé de troubler leur retraite par respect pour la désolation dont elles étaient accablées.

Ce jour-là, où nous prions le lecteur de revenir avec nous dans cet hôtel de la rue du Chaume où nous l'avons conduit souvent déjà, M. de Niorres, quoiqu'il fût onze heures du matin à peine, venait de rentrer après être sorti depuis les premières heures du jour. A peine le conseiller atteignait-il le seuil de son appartement, que l'un des valets, qui lui étaient demeurés fidèles après tant de désastres, courut le prévenir qu'un jeune gentilhomme demandait instamment à lui parler sur l'heure.

— Son nom ? dit brusquement M. de Niorres.

— M. le comte de Sommes, répondit le valet.

— Qu'il vienne! qu'il vienne? s'écria avec empressement le conseiller.

Le valet disparut, et quelques instants après le comte de Sommes entrait le visage triste, la démarche sévère, et saluait M. de Niorres avec tous les signes du plus profond respect.

Le conseiller lui saisit les mains et les lui serra avec force.

— Monsieur le comte, dit-il d'une voix émue, je n'ai pas encore pu vous témoigner tout l'excès de ma reconnaissance. Vous avez sauvé mes nièces au péril de votre vie durant cette nuit dont j'ose à peine évoquer le souvenir, et depuis trois jours vous avez fait, pour moi, ce que n'aurait pas accompli un ami de vingt ans. Si une douleur comme la mienne pouvait éprouver une consolation, votre conduite, certes, eut suffi pour l'amoindrir.

— Je vous en conjure, Monsieur, répondit le comte avec un modeste embarras, ne me remerciez pas. J'ai agi suivant ma conscience, et je n'ai pas été maître de faire autrement.

— Vous venez du Châtelet, n'est-ce pas? demanda vivement le conseiller.

— Oui. Ne vous avais-je pas promis hier de faire tous mes efforts pour assister à l'interrogatoire des accusés? J'ai réussi, grâce aux puissantes protections que j'ai pu mettre en jeu.

— Eh bien?

— Ils se sont renfermés dans un obstiné silence, refusant de répondre à toutes les questions.

— Les misérables! murmura le conseiller avec une colère sourde.

Le comte prit la main de M. de Niorres, et, s'asseyant doucement près de lui:

— Permettez! dit-il d'une voix insinuante. Croyez-vous bien réellement que MM. d'Herbois et de Renneville soient coupables?

— Si je le crois! s'écria le conseiller en bondissant sur son siège. Ne les ai-je pas surpris...

— Mon Dieu! interrompit le comte de Sommes, je ne cherche pas à détruire vos convictions. Tout ce que je demande, c'est à fortifier les miennes!

— Quoi! croyez-vous donc que je me sois trompé?

— Lorsque je vous vois, lorsque je vous écoute, lorsque je me rappelle ce que j'ai vu moi-même, je ne doute pas, et j'accuse ceux que vous accusez aussi ; mais lorsque je réfléchis, lorsque surtout je songe aux noms que portent ces hommes, j'ai peur que ma conviction ne soit fausse. Oh ! si vous aviez été à même d'assister à la scène dont j'ai été témoin ce matin, peut-être hésiteriez-vous à cette heure ! J'ai longuement examiné le marquis et le vicomte. Leur front était pur, leur regard assuré, et lorsque je me suis approché d'eux pour leur dire qu'il ne fallait pas attribuer ma présence à une indigne curiosité, mais bien à mon désir ardent de connaître la vérité dans une affaire où je m'étais trouvé involontairement jouer un rôle, ils m'ont répondu avec un calme si parfait que je n'ai pu m'empêcher de les saluer comme si j'eusse éprouvé, pour eux, l'estime la plus sincère.

— Vous êtes jeune, monsieur le comte, répondit le conseiller en secouant la tête, votre cœur est chaud, et vous ne connaissez pas encore l'espèce humaine. Il vous est permis de vous laisser prendre au mirage trompeur produit par l'hypocrisie et l'impudence.

M. de Sommes sourit doucement, comme un homme convaincu de la vérité des paroles qu'il vient d'entendre et avouant, sans honte, son inexpérience des choses et des hommes.

En ce moment le même valet qui avait introduit le comte, entra dans la pièce et vint parler à l'oreille de son maître. Celui-ci tressaillit brusquement et une lueur d'espérance illumina sa physionomie attristée.

— Qu'il attende, dit-il au valet qui sortit aussitôt.

M. de Sommes s'était levé vivement.

— Je vous laisse, Monsieur, dit-il en s'inclinant devant le conseiller au parlement.

— Excusez-moi, monsieur le comte, répondit M. de Niorres, d'en agir avec vous avec ce sans-façon que peuvent faire pardonner, peut-être, les cruelles circonstances dans lesquelles je me trouve. La personne dont on vient de m'annoncer sa visite inattendue est attachée depuis longtemps à ma famille et peut-être m'apporte-t-elle un adoucissement à mes douleurs.

— Dieu le veuille, et croyez que personne ne le désire plus que moi. Cependant il est essentiel que nous reprenions notre conversation à peine ébauchée. Voulez-vous me permettre d'attendre que vous soyez libre.

— Je n'osais pas solliciter cet acte de complaisance, dit le conseiller avec empressement.

— Oh ! fit M. de Sommes avec un geste affectueux, j'ai moi-même une grâce à vous demander. Me serait-il permis de présenter mes hommages à Mlles de Niorres, que je n'ai pas revues depuis le terrible événement dans lequel j'ai été assez favorisé pour leur être utile ?

— Ma sœur est absente, répondit le conseiller, mais mes nièces seront heureuses de vous exprimer toute leur profonde reconnaissance. Les pauvres enfants n'ont vu personne encore. Peut-être votre présence produira-t-elle un effet salutaire, en détournant forcément le cours de leurs pensées.

M. de Niorres appela.

— Conduisez M. le comte chez Mlles de Niorres ! dit-il au valet qui venait d'entrer.

— Hélas! fit le comte en pressant les mains du conseiller, ces jeunes filles sont maintenant les uniques héritières de toute votre affection !

Et il quitta la pièce, suivant le valet qui le précédait vers l'appartement de Léonore et de Blanche.

— Les uniques héritières de mon affection ! dit M. de Niorres en relevant la tête dès que la porte se fut refermée sur le jeune homme. Oh ! non ! Elles ont aimé ces deux misérables qui ont immolé mes enfants, elles ne sont plus rien pour moi ! Celui-là seul sur qui se concentrent toutes les facultés aimantes de mon cœur, c'est le pauvre petit être, que Dieu m'a permis de sauver à temps du désastre !

Et, courant vivement vers une porte opposée à celle par laquelle était sorti le comte, il l'ouvrit brusquement :

— Saint-Jean ! dit-il, venez ! je vous attends !

Le vieux serviteur se précipita dans la pièce et tomba aux genoux de M. de Niorres, qu'il étreignit avec des sanglots convulsifs...

III

UN AMI

Depuis la nuit terrible, dont nous avons décrit les principaux événements, Blanche et Léonore, brisées, épuisées, anéanties, avaient vingt fois appelé la mort comme le seul remède aux maux effrayants qui les torturaient, mais la mort n'était pas venue et la souffrance était demeurée plus vive et plus douloureuse. Toutes deux avaient appris, sans ménagement et sans préparation, l'arrestation du marquis d'Ilerbois et du vicomte de Renneville.

Léonore et Blanche avaient bien ajouté foi quelques jours auparavant à la duplicité de la conduite des deux gentilshomme, mais de cette duplicité dont leur cœur s'était montré justement froissé à l'accomplissement de crimes comme ceux dont on accusait le marquis et le vicomte, il y avait une distance, si grande, que la conviction des deux nièces du conseiller s'était refusée à la franchir.

En apprenant l'horrible nouvelle, les pauvres enfants

s'étaient récriées avec force, protestant de l'innocence des prétendus coupables. Désireuses de prouver, autant que cela dépendait d'elles, cette innocence dont elles ne doutaient pas, Blanche et Léonore avaient tout avoué à leur oncle. Elles avaient dit avoir reçu les lettres du marquis et du vicomte, avoir répondu à ces missives en accordant un rendez-vous pour la nuit suivante. Puis elles parlèrent des lettres dont le conseiller avait eu déjà connaissance et qui les avaient déterminées à repousser cet amour auquel elles ne pouvaient plus croire. Mais dans leurs paroles mêmes, M. de Niorres avait trouvé des preuves nouvelles contre les deux accusés.

Ce rendez-vous donné devait aboutir à un rapt violent. La voiture tout attelée attendant à l'angle de la rue, les aveux du postillon, lequel avait déclaré se tenir aux ordres du marquis d'Herbois et du vicomte de Renneville, en étaient des preuves flagrantes et indiscutables.

Puis ces correspondances avec des courtisanes renommées pour leur luxe inouï et leur besoin incessant de fortunes à gaspiller, ne donnaient-elles pas la pensée des désirs que devaient avoir les deux officiers de marine, d'acquérir des richesses dont ils n'attendaient la possession que pour continuer leur existence dissipatrice ? Enfin cette clef de la porte du jardin que les jeunes gens avaient fait faire, cette empreinte de la serrure qu'ils avaient prise comme deux voleurs (le serrurier, facilement découvert, avait raconté ce qu'il savait) ne venaient-elles pas encore ajouter à la charge de l'accusation ?

En entendant ces répliques écrasantes de leur oncle,

Léonore et Blanche étaient demeurées terrifiées.

Tout, en effet, s'élevait contre les deux jeunes gens.

— Oh! disait Blanche. Est-il donc possible qu'ils soient coupables? Non! non! je ne le crois pas et je ne croirai jamais.

Et la jeune fille, dont la douleur anxieuse atteignait son paroxysme, recherchait, avec une activité fiévreuse, tout ce qui pouvait écarter de la tête de ceux qu'elle regardait cependant comme infâmes vis-à-vis d'elle et de sa sœur, l'accusation terrible que dressaient les circonstances les plus fatales. Léonore, retrouvant des forces dans son désespoir, se roidissait également contre ce qu'elle regardait comme une épouvantable erreur de la justice humaine.

Peu à peu le souvenir des lettres de la Guimard et de la Duthé s'était effacé, et les jeunes filles, oubliant ce qu'elles croyaient avoir à reprocher à ceux qu'elles aimaient, ne se rappelaient plus que leur situation critique. Aux reproches avaient succédé les larmes de l'intérêt le plus tendre, et en présence du péril, l'amour, chassé momentanément par la jalousie, était revenu à tire-d'aile, ramené par sa propre force.

Dire ce que les deux filles de Mme de Niorres avaient supporté de souffrances, durant ces trois jours, qui avaient suivi la nuit de la catastrophe, serait impossible.

Mme de Niorres, se consacrant entièrement à son beau-frère, voyait peu ses filles. Celles-ci étaient donc demeurées à peu près isolées depuis trois jours. Si la douleur, qui les accablait, leur rendait chère cette solitude, leur avide désir de savoir des nouvelles la leur faisait parfois trouver pesante. Ce jour-là surtout où le comte de Sommes était venu rendre visite au conseiller au parlement. Léonore et Blanche se sentaient plus anxieusement tourmentées encore. Elles savaient que MM. d'Herbois et de Renneville, enfermés d'abord à la Bastille, avaient dû être transférés dans les prisons du grand Châtelet, afin de subir les interrogatoires que devaient commencer les juges.

Il leur semblait que du premier contact jaillirait subitement la lumière qui devait éclairer l'innocence des deux jeunes gens. Elles se disaient qu'il était impossible que l'on ne reconnût pas l'absurdité d'une semblable imputation, et quant aux affirmations de M. de Niorres, elles les écartaient, pensant que la douleur avait pu troubler la raison du conseiller. Elles attendaient donc anxieusement des nouvelles. Leur mère n'était point encore de retour. Elles avaient bien vu rentrer leur oncle ; mais elles n'avaient pas osé se présenter à lui. Mille suppositions contraires germaient dans leur esprit exalté. Ce fut alors que le valet vint demander pour M. le comte de Sommes la permission d'être introduit.

Les deux sœurs avaient été sauvées de l'incendie par le comte sans avoir su tout d'abord quel avait été leur sauveur. Ce fut le lendemain seulement que M. de Niorres leur apprit son nom.

L'annonce de sa visite les émut vivement. Elles se regardèrent un moment en hésitant : puis le sentiment de la reconnaissance dominant vite ce premier mouvement, si naturel chez deux jeunes filles se trouvant seules, sans l'appui de leur mère, elles s'empressèrent de recevoir celui auquel elles devaient de n'avoir pas péri de la mort la plus affreuse.

Le comte, introduit dans la petite pièce, s'inclina gracieusement en acceptant le siège que lui offraient Léonore et Blanche ; mais aux premiers mots de gratitude prononcés par les deux sœurs, il les interrompit doucement du geste.

— Mesdemoiselles, dit-il, ne supposez pas, je vous en conjure, que je sois venu ici quêter des remercîments, qu'il me serait bien doux d'entendre, sans aucun doute, mais que je ne puis cependant accepter. En vous arrachant à la mort, Dieu m'a récompensé largement, puisqu'il m'a permis d'accomplir une bonne action et de préserver, d'un hideux trépas, deux de ses créatures les plus parfaites. Donc c'est moi qui suis le débiteur du destin. Ne parlons plus de cet événement, je vous en supplie. La cause qui m'amène près de vous est noble et belle ; c'est pourquoi je l'ai acceptée sans hésiter. D'ailleurs elle est celle du malheur, et un gentilhomme ne pouvait la repousser. Mesdemoiselles, j'ai vu ce matin même, dans leur prison, le marquis d'Herbois et le vicomte de Renneville !

A cette annonce inattendue, Léonore et Blanche devinrent plus pâles, et un même cri jaillit, à la fois, de leurs lèvres décolorées.

— Avant tout, poursuivit le comte, je dois vous dire que, bien que je ne possède aucune preuve en faveur des accusés, j'ai la conviction sincère de leur entière innocence. C'est donc un ami de ces deux gentilshommes qui se présente devant vous...

Les deux sœurs se regardèrent encore : elles échangeaient les pensées qui envahissaient tumultueusement leur cerveau... Toutes deux hésitaient à parler.

Enfin Blanche, dont la nature plus ardente l'emportait souvent en dépit de sa propre volonté, Blanche se leva, l'œil en feu et la lèvre frémissante.

— Ils sont innocents, n'est-ce pas Monsieur? s'écria-t-elle. Ils sont innocents! vous le croyez aussi! Répétez-nous qu'ils sont innocents!

— C'est ma conviction, je le répète, répondit le comte de Sommes.

— Vous êtes donc de leurs amis? Vous les connaissez depuis longtemps? Vous pourrez dire...

— Malheureusement, je ne pourrai rien dire, interrompit le comte. Je connais effectivement Henri et Charles depuis de longues années. Ils n'ont pas, je l'affirme, un ami plus sincèrement dévoué que moi. Nous sommes à peu près du même âge et nous avons passé ensemble une partie de notre jeunesse, mais quant à ce qui peut plaider victorieusement en leur faveur en ce moment, malheureusement je ne sais rien Mesdemoiselles, et cependant je vous le dis encore, j'ai la conviction de leur innocence.

— Pourtant, dit Léonore, cette conviction doit reposer sur quelque chose.

— Elle a pour base, en effet, une garantie puissante : l'honneur de deux gentilshommes. Jamais je ne pourrai supposer que le marquis d'Herbois et le vicomte de Renneville soient coupables de telles infamies!

— N'est-ce pas, Monsieur! s'écria Blanche avec élan.

— Mais, fit observer le comte, il est inutile que nous discutions cette question, car vous aussi pensez comme moi. Ce qu'il importe en ce moment pour eux et pour vous, c'est que je remplisse la mission dont je suis chargé.

— Une mission pour nous? dit Léonore.

— De la part du marquis et du vicomte?... ajouta Blanche.

— Oui, Mesdemoiselles.

— Qu'est-ce donc? demandèrent à la fois les deux jeunes filles avec un égal empressement.

Le comte prit une lettre dans la poche de son habit et la présenta aux deux sœurs.

— L'écriture de M. de Renneville! s'écria Blanche en s'emparant de la missive qu'elle décacheta vivement.

Le comte attendit discrètement en silence, que les deux jeunes filles eussent pris connaissance de la lettre qu'il venait de leur remettre. Blanche et Léonore, les mains tremblantes, la poitrine oppressée, les yeux mouillés de pleurs, parcouraient avidement du regard la missive datée de la prison du Châtelet. Quand elles eurent achevé, elles se tournèrent, par un même mouvement, vers M. de Sommes.

— Oh! dit Blanche en lui tendant la main, vous êtes bien réellement l'ami de Charles et d'Henri, soyez le nôtre!

— M. de Renneville nous conjure d'avoir, en vous, une confiance absolue, Monsieur, ajouta Léonore. Ne nous abandonnez pas dans la triste situation où un destin fatal nous a plongés tous, et nous vous devrons deux fois la vie.

Et la fille aînée de Mme de Niorres imita le geste accompli par sa sœur. Le comte de Sommes prit les deux petites mains qui se tendaient vers lui, et les porta respectueusement à ses lèvres.

— J'étais l'ami, le compagnon de plaisir du marquis

et du vicomte alors qu'ils étaient libres et heureux, répondit-il d'une voix émue. Mon amitié et mon dévouement se sont accrus en raison du malheur, et je les aime plus encore, maintenant qu'ils sont accusés par les événements et abandonnés par les hommes.

— Oh! s'écria Blanche, vous êtes bon!

Un moment de silence suivit ce premier élan de confiance manifesté par les deux nièces du conseiller.

— Mesdemoiselles, reprit le comte de Sommes, puisque vous voulez bien me considérer dès maintenant comme votre plus dévoué et votre plus respectueux serviteur, il faut que vous me donniez, au nom de Charles et d'Henri, une preuve de cette confiance que je réclame. Pardonnez-moi si je vais vous rappeler un souvenir bien douloureux ; mais il le faut. Il y a trois jours, lors de la nuit terrible dont nous connaissons les horribles résultats, le marquis et le vicomte ne s'étaient introduits dans le jardin de cet hôtel que dans l'espoir de vous y rencontrer toutes deux. Ils vous avaient demandé quelques instants d'entretien, et je crois que vous aviez daigné répondre à leur sollicitation par une douce promesse...

— Cela est vrai, balbutia Blanche en rougissant légèrement, tandis que Léonore détournait la tête.

— Et cependant, continua le comte, vous n'êtes pas venues...

Les deux jeunes filles ne répondirent pas.

— Etait-ce un ordre de madame votre mère? Etait-ce une défense de M. de Niorres qui vous avaient contraintes à demeurer dans votre appartement ?

Blanche et Léonore baissèrent les yeux. Les paroles de leur interlocuteur les reportaient à cette heure douloureuse où elles avaient douté de l'amour de ceux qu'elles aimaient. Ces preuves écrites d'une duplicité infâme, ces lettres adressées à deux courtisanes éhontées, ces échanges de protestations d'une passion profonde qu'elles possédaient encore, avaient torturé leur cœur en lui imposant les angoisses les plus affreuses.

Les événements terribles accomplis depuis ce moment, avaient amoindri ce souvenir affreux ; mais les questions du comte de Sommes venaient de le réveiller plus poignant et plus cuisant encore. Par un sentiment de pudeur, facile à comprendre, les deux jeunes filles se refusaient à avouer, en présence d'un étranger, cette jalousie dont elles ressentaient les cruels effets.

— Pardonnez-moi, reprit M. de Sommes en remarquant l'embarras de ses deux interlocutrices, et leur répugnance évidente à lui répondre, pardonnez-moi d'insister sur un sujet aussi délicat, mais il le faut. Le marquis et le vicomte n'ont pu encore s'expliquer la cause dont les effets ont été désastreux pour eux ; car, c'est en ne vous voyant pas dans les jardins, qu'ils se sont élancés dans les appartements...

— Oh ! mon Dieu ! s'écria Blanche en serrant les mains de sa sœur avec un geste convulsif, cette pensée ne nous était pas venue...

— Pour expliquer leur présence dans l'intérieur de l'hôtel, poursuivit le comte, il faut bien qu'ils révèlent le rendez-vous que vous leur aviez accordé ; mais cette révélation, ils n'ont pas jusqu'ici voulu la faire, dans la crainte de vous offenser. Ignorant la raison qui s'était opposée à l'accomplissement de votre promesse, ils ne savent ce qu'ils doivent dire, et, dans le doute, ils se sont abstenus. A leur premier interrogatoire, auquel j'ai assisté, ils ont gardé un obstiné et absolu silence. Cette conduite peut les perdre sans retour, car elle prête aux suppositions les plus défavorables, et cependant ils ont juré de n'en pas tenir d'autre tant que ce doute, qui les tourmente, n'aurait pas cessé pour eux. C'est à mes instantes sollicitations, à mes prières réitérées, qu'ils se sont rendus, en écrivant cette lettre et en me permettant de servir d'intermédiaire entre eux et vous. Vous voyez donc quel est, en ce moment, le but de ma démarche. Que dois-je leur reporter ? que doivent-ils répondre eux-mêmes ?

En écoutant le comte de Sommes, Léonore et Blanche avaient compris toute l'importance des questions qu'il leur adressait. Aussi, sans hésiter, Léonore se leva-t-elle, et, courant à un petit meuble placé dans un angle de la pièce, elle y prit un volumineux paquet de papier froissés qu'elle remit au comte de Sommes.

— Voici la cause de notre conduite, dit-elle d'une voix brève ; lisez, Monsieur, et vous comprendrez !

Le comte prit les papiers, les regarda, en ouvrit quelques-uns, et après les avoir rapidement parcourus :

— Qu'est-ce que tout ce fatras ! dit-il.

— Quoi ! s'écria Blanche, ne comprenez-vous pas ? Ces lettres ne vous disent-elles pas que nous sommes les plus malheureuses des femmes ?

— Mais en quoi ? demanda le comte avec une naïveté parfaitement simulée, si elle n'était pas sincère.

— Oh ! Monsieur, dit Léonore avec indignation, voulez-vous donc excuser deux hommes qui se sont fait un jeu cruel d'abuser de la confiance de deux pauvres jeunes filles? Nous les aimions et ils nous trompaient!...

— Ils osaient nous parler de leur amour! s'écria Blanche; et c'était en nous quittant, sans doute, qu'ils écrivaient de pareilles lettres!

— En vous quittant? répéta le comte de Sommes; mais vous n'y songez pas, Mesdemoiselles! Ces lettres ont au moins, si je ne me trompe, trois années de date, et Charles et Henri n'ont eu le bonheur de vous voir que longtemps après que cette correspondance avait cessé.

— Comment! dit Léonore en se levant brusquement, ces lettres ne sont donc pas récentes?

— J'ai l'honneur de vous répéter, Mademoiselle, qu'il y a plus de trois ans qu'elles ont été écrites.

— Mon Dieu! dit Blanche en pressant son front brûlant dans ses petites mains aux doigts effilés, on nous aurait donc trompées?

— On vous a abusées indignement, si l'on a prétendu que ces lettres étaient moins anciennes que je l'affirme.

— Vous êtes l'ami de M. d'Herbois et de M. de Renneville, fit Léonore en secouant la tête; vous cherchez à nous tromper comme ils nous ont trompées eux-mêmes!

— Mesdemoiselles, répondit le comte d'une voix grave, ce n'est pas dans un pareil moment que l'on peut employer de telles ruses. Si mes amis étaient coupables, je chercherais peut-être à atténuer leur faute en la rejetant sur l'entraînement d'une folie passagère; mais ils sont aussi innocents du crime que vous leur reprochez, qu'ils le sont de celui dont les accuse la justice des hommes. En voulez-vous une preuve indiscutable ? Je suis heureux de pouvoir vous la donner sur l'heure.

Et le comte, se levant à son tour, fouilla dans la poche de son habit. Parmi plusieurs lettres finement pliées et soigneusement parfumées qu'il ramena dans sa main, il en prit une, l'ouvrit ; mais avant de la présenter à ses deux jeunes interlocutrices :

— Veuillez m'excuser, dit-il, si je mets sous vos yeux les détails d'existence que vous devriez ignorer : mais les circonstances m'y forcent, et, d'ailleurs, votre cœur est trop noble pour que votre esprit se souille au contact des révélations que je vais vous faire. Les deux femmes auxquelles sont adressées les lettres qui ont causé un malheur si horrible, sont deux créatures sans honte et sans pudeur, vivant ouvertement de la débauche la plus scandaleuse. Deux hommes, comme le marquis et le vicomte, peuvent avoir été éblouis un moment par le rayonnement que jettent ces divinités plus que païennes ; mais quant à ressentir pour elles une passion sincère, une passion dont vous puissiez vous montrer offensées, cela est impossible. La lettre que je vous présente à mon tour est signée par l'une de ces femmes, par Mlle Guimard. Cette lettre, vous le voyez, est datée de l'année 1784 ; elle a donc été écrite il y a un an. Or, veuillez écouter ce passage.

Et le comte lut à haute voix :

« ...Vous ne me parlez plus, mon cher comte (cette lettre m'était adressée, Mesdemoiselles), de vos amis d'Herbois et de Renneville. Que sont devenus ces deux messieurs depuis plus de deux ans que Duthé et moi ne les avons vus ? Dernièrement ma charmante collègue avait retrouvé, par hasard, toute la correspondance vésuvienne du vicomte. Il faudra que je cherche celle du marquis. Les souvenirs sont quelquefois agréables à rappeler, bien que ceux-là soient des plus fugitifs... »

— Lisez, Mesdemoiselles, reprit le comte en tendant la lettre aux deux jeunes filles, lisez, et vous verrez que je ne vous trompe pas.

Blanche prit le papier que lui offrait le comte, et ses yeux le dévorèrent avec avidité ; puis se jetant au cou de sa sœur :

— Oh ! s'écria-t-elle avec des larmes dans la voix, nous avons été bien coupables ! Nous avons douté d'eux. Nous avons été la cause de toutes leurs douleurs !

— Mais, dit Léonore, pourquoi, dans quel but nous a-t-on remis ces lettres ?

— Qui vous les a remises ? demanda le comte.

— Nous l'ignorons.

Et Léonore raconta brièvement la façon dont Blanche avait découvert les lettres.

— Qui les avait fait placer là ? répéta la jeune fille.

— Votre oncle ! répondit nettement le comte.

— Notre oncle ! s'écria Blanche.

— N'a-t-il pas toujours été opposé à ces mariages ! dit M. de Sommes ; n'a-t-il pas tout fait pour les empêcher ? N'a-t-il pas refusé obstinément de recevoir le marquis et le vicomte ?

— Mais une telle ruse serait infâme ! dit Léonore.

— Elle a souvent été employée en pareilles circonstances ! D'ailleurs, comment, après les preuves que je viens de vous donner, expliquerait-on la présence de ces lettres dans votre chambre? Qui donc avait intérêt à les placer sous vos yeux, si ce n'est celui qui voulait briser ces unions projetées?

Blanche et Léonore se regardaient avec un saisissement profond. Cette pensée, émise par le comte, ne leur était jamais venue à l'esprit.

— Que croire? dit Blanche avec une sorte de stupeur.

— Ceux que vous aimez et qui vous aiment! répondit vivement M. de Sommes. Douter encore serait vouloir être deux fois coupables... Songez aux maux déjà nés de votre défiance!

— Mon Dieu! mon Dieu! s'écria Léonore, le malheur ne se lassera-t-il donc jamais de s'abattre sur nous!

— Mesdemoiselles, demanda brusquement le comte, que dois-je répondre à mes pauvres amis?

— Que nous ne doutons plus d'eux, s'écria Blanche, que nous les aimons toujours. Qu'ils disent la vérité, qu'ils disent que c'est parce que nous leur avions accordé l'entretien qu'ils sollicitaient, qu'ils sont venus à l'hôtel de Niorres!

— Oh! dit le comte en s'inclinant, je n'attendais pas moins de votre générosité. Ces douces paroles, que je vais leur transmettre, leur donneront la force et le courage nécessaires pour résister à tant d'épreuves. Mais ce n'est pas tout, Mesdemoiselles. J'ai juré à Charles et à Henri de veiller sur leur bonheur menacé. Je veux, non-seulement concourir de tous mes efforts à les décharger de l'accusation qui pèse sur eux, mais je prétends encore veiller à l'accomplissement de leurs vœux les plus chers. Je m'élèverai comme un obstacle infranchissable entre celles qu'ils aiment plus que la vie et les perfidies qui voudraient empoisonner cet amour. Dites, aurez-vous en moi la confiance que je sollicite ? Daignerez-vous me faciliter les moyens d'accomplir la noble mission que je me suis donnée ? Réfléchissez avant de me répondre. Il faut, si vous acceptez mon amitié, que vous me considériez comme l'un de ces frères dévoués auquel on ne doit rien cacher. Mieux vaudrait repousser ma demande que de m'accorder une confiance limitée, car de doutes nouveaux, de restrictions nouvelles pourraient naître les malheurs les plus irréparables. Aussi, vous le dis-je encore, Mesdemoiselles, réfléchissez avant de me répondre ; je ne veux pas surprendre une confiance que je sollicite dans l'intérêt de mes pauvres amis. Demain, j'aurai l'honneur de venir chercher votre réponse, en vous apportant des nouvelles du marquis et du vicomte.

En achevant ces mots, le comte de Sommes s'était incliné devant les deux jeunes filles comme s'il se fût apprêté à prendre congé. Léonore et Blanche l'avaient écouté en silence, mais à la dernière phrase elles avaient fait un même mouvement.

— Quoi ! Monsieur, s'écria la plus jeune des deux sœurs, vous pourriez donc, chaque jour, nous parler d'Henri et de Charles ?

— Quelle que soit votre réponse, Mesdemoiselles, c'est un devoir que je compte accomplir.

— Vous les verrez donc ?

— Tous les matins, j'en ai obtenu la permission du chancelier.

— De sorte que nous saurons chaque jour...

— Tout ce qui les intéresse ? oui, Mesdemoiselles.

— Oh ! s'écria Léonore, vous avez droit à toute notre

confiance, et nous vous la donnons tout entière.

— Demain, dit le comte, vous me répéterez ces paroles, alors nous agirons en conséquence. Jusque-là, réfléchissez, je vous en prie, je n'ai qu'une prière à vous adresser.

— Parlez, Monsieur ! dirent à la fois les deux sœurs.

— M. votre oncle connaît ma visite, mais il en ignore le but, sans quoi il ne l'eût pas autorisée, j'en suis convaincu. Eh bien ! il ne faut pas que ni lui, ni même madame votre mère puissent supposer l'entente qui doit régner entre nous. Je vous demande donc le secret le plus absolu à propos de la démarche que j'ai tentée ce matin. La perte peut-être de nos pauvres amis dépend d'une indiscrétion.

— Comment ? demanda Blanche avec étonnement, notre mère...

— Je ne puis m'expliquer davantage en cet instant, interrompit le comte ; je vous supplie de garder un secret absolu, voulez-vous me le promettre ?

— Quoique nous ne comprenions le motif qui vous fait parler ainsi, nous vous le promettons, dit gravement Léonore.

— Demain, reprit le comte, nous terminerons cet entretien, mais... je verrai demain matin Charles et Henri... en échange de la lettre que je viens de vous remettre, n'aurai-je rien à leur porter ?

Et comme les deux jeunes filles hésitaient visiblement.

— Songez, continua M. de Sommes, dans quelle horrible situation morale ils se trouvent tous deux ! Songez que vous leur devez une réparation... Une ligne seule tracée de votre main les rattachera à l'espoir... oh ! vous ne repousserez pas la prière que je vous adresse en leur nom...

Et le comte, jetant autour de lui un regard rapide, aperçut devant une fenêtre une petite table chargée de tout ce qui est nécessaire pour écrire ; il la prit vivement et la plaça devant les deux nièces du conseiller.

— Que craignez-vous ? dit-il d'une voix douce.

Blanche avait pris une plume ; sa sœur l'imita. Les deux jeunes filles écrivirent rapidement.

Le comte les considérait d'un œil ardent, et une expression de joie triomphante passa sur son visage.

Blanche remit les deux billets cachetés à M. de Sommes. Celui-ci les serra précieusement, et s'inclinant de nouveau :

— Demain, dit-il, à l'heure où je pourrai vous parler sans témoins, je viendrai vous rendre compte de la situation où j'aurai trouvé ceux auxquels ces lettres, que j'emporte, vont redonner la vie et l'espérance du bonheur.

En achevant ces mots, le comte salua encore et il sortit.

Dans le petit salon, il retrouva le valet qui l'avait introduit.

— M. de Niorres fait prier Monsieur le comte de vouloir bien l'excuser, dit le domestique : une affaire importante l'a contraint à quitter l'hôtel.

— Très-bien ! répondit M. de Sommes. J'aurai l'honneur de le voir demain.

Et il s'élança dans l'escalier avec la légèreté d'un homme satisfait de lui-même.

— Ouf ! fit-il en touchant le palier du premier étage ; ces jérémiades commençaient à m'agacer furieusement les nerfs ! Mais j'ai les lettres !... du diable maintenant si je ne réussis pas !

En traversant la cour encombrée de ruines encore presque fumantes, pour gagner la porte de sortie donnant sur la rue du Chaume, le comte de Sommes croisa un homme revêtu d'une sorte de costume de voyage et couvert de poussière, comme s'il venait d'accomplir une longue et pénible route.

— Eh bien ! mon pauvre Saint-Jean, dit à l'homme le valet qui avait accompagné le comte jusque sur le seuil du bâtiment, vous considérez ces ruines et le cœur vous saigne en pensant à ce qui s'est accompli, en votre absence.

M. de Sommes passa près de Saint-Jean, sans même lui accorder un regard, et il rejoignit sa voiture qui attendait le long du mur de l'hôtel Soubise.

— Hôtel d'Horbigny ! dit-il en s'élançant dans le brillant équipage.

Et tandis que la voiture se dirigeait rapidement vers la droite en remontant la rue, Saint-Jean, le vieux domestique du conseiller, quittait la maison incendiée et, tournant à gauche, se dirigeait vers le bas de la rue Sainte-Avoye.

IV

LE KIOSQUE

Une heure après, le comte de Sommes, mollement étendu sur une ottomane, se prélassait dans un charmant cabinet de verdure, situé au fond du petit jardin de l'hôtel de la belle marquise, tenant tout ouvertes sur ses genoux les deux lettres que lui avaient remises Mlle de Niorres. Il paraissait profondément absorbé dans un flot de réflexions qui, à en juger par l'aspect de sa physionomie, ne devaient nullement être désespérantes, lorsqu'un pas léger fit craquer le sable de l'allée conduisant au salon rustique, et Armande, la cameriste de la marquise, glissa sa tête éveillée par l'entrebâillement de la porte.

— Monsieur le comte !... fit-elle pour appeler l'attention du jeune homme.

— Qu'est-ce ? dit M. de Sommes en levant les yeux et en refermant vivement les lettres ; est-ce que la marquise est rentrée ?

— Pas encore ; Madame ne reviendra qu'à trois heures, ainsi que je l'ai dit à M. le comte.

— Alors, qu'est-ce que tu veux ?

— Il y a une visite au salon pour Madame.

— Puisque ta maîtresse est sortie, je n'ai que faire de la visite, moi !

— C'est bien ce que j'avais pensé : mais le visiteur a demandé si M. le comte était à l'hôtel. Jérôme n'a répondu ni oui ni non ; il est venu me consulter, et je viens à mon tour prendre les ordres.

— Qui est-ce qui me demande ?

— Le marquis Camparini.

— Le marquis ! répéta le comte en tressaillant ; dis-lui que je l'attends ! Qu'il vienne ici ?

Armande disparut rapidement.

— Que me veut-il ? se demanda le comte demeuré seul. Nous ne devions nous voir que cette nuit ! Se serait-il passé quelque chose de nouveau ?

Et le jeune homme se mit à parcourir rapidement le salon de verdure, avec une préoccupation manifeste.

Comme il pirouettait sur les talons rouges de ses souliers, le marquis Camparini parut sur le seuil de la porte.

— Per Bacco ! quel joli nid de feuillage ! dit le gentilhomme italien avec un accent prononcé ; ce sont de véritables jardins d'Armide ! Il ne manque que la divinité du lieu ! Comment va, très cher ?

— A merveille ! répondit le comte en acceptant la main que lui tendait le visiteur. Et à quel heureux hasard dois-je le plaisir de vous voir, cher marquis ?

— Je viens faire mes adieux à la belle marquise.

— Quoi ! vous partez !
— Oui. Je quitte Paris ce soir.
— Et vous allez ?
— A Florence, où m'appellent des affaires de famille.
— Alors vous ne pourrez assister au procès qui va avoir lieu ?
— J'en suis au regret, mais cela m'est impossible. J'ai fait toutes mes visites pour prendre congé, et voulant emporter de Paris, comme suprême impression, la plus favorable, je suis venu en dernier chez Mme d'Horbigny.

En faisant cette réponse, le marquis avait marché jusqu'à la porte du salon, et s'arrêtant sur le seuil, avait lancé dans l'allée un regard investigateur.

Le valet qui l'avait conduit jusqu'au pavillon était déjà loin. Le marquis explora, d'un œil sûr, les massifs et les deux petites allées latérales, puis revenant au comte :

— J'ai annoncé mon départ à tout le monde, dit-il en baissant la voix ; et, effectivement, ce soir le marquis Camparini montera dans sa voiture et quittera ostensiblement Paris. J'ai signé ma déposition aujourd'hui entre les mains du greffier de la grand'chambre, et je suis entré dans les plus minutieux détails. Elle est écrasante ! J'ai évité jusqu'ici toute rencontre avec le conseiller ; mais tu comprends que prolonger cette conduite, sans éveiller les soupçons, serait impossible. Or, comme il faut que Saint-Jean revienne auprès de son maître, il eut été imprudent de ne pas faire partir le Camparini. M. de Niorres a parfois une profondeur de regard inquiétante ! Bref ! tu connais ma manière de procéder? ne rien donner au hasard ! tout prévoir.

— Je comprends parfaitement, repartit le comte, mais pourquoi es-tu venu ici ?

— Pour te voir, mon aimable Bamboulâ ! répondit le roi du bagne en souriant, pour te voir et connaître le résultat de ta visite aux belles éplorées ! Peste ! si je suis arrivé à point auprès du conseiller pour te favoriser un moment d'entretien avec ses charmantes nièces, tu as singulièrement prolongé la conversation ?

— Ne fallait-il pas le temps de circonvenir les infantes ? dit le comte en haussant les épaules.

— Et tu es arrivé à ton but ?

— Je le crois.

— Ainsi les lettres ?

— Ont produit un effet merveilleux.

— Pas de soupçons relativement à l'écriture ?

— Aucun. Elle était admirablement contrefaite ; c'est une justice à te rendre.

— Maintenant il faut jouer la seconde partie de la scène. Tu iras au Châtelet demain matin. Voici la permission de visiter les accusés ; je l'ai obtenue, en ton nom, du duc de Chartres.

— Et voici les modèles d'écriture que les petites m'ont donnés... non sans peine.

Les deux complices échangèrent les papiers que chacun avait pris à la main.

— Parfait ! dit le marquis en souriant. Caractères faciles à imiter. Tu auras les lettres, pour les marins, cette nuit.

— Où me les remettras-tu ?

— Je te le ferai savoir, ici, dans la soirée. Cela dépendra de l'heure de mon départ, car il me faudra le temps de revenir. Si tu es habile, avant deux fois vingt-quatre heures, les nièces du conseiller ne verront et n'entendront que par toi !

— Sois tranquille ! la chose est en bonne voie.

— Maintenant tu te rappelles ce que tu dois dire aux marins ?

— Parfaitement. Je sais ma leçon par cœur.

— Bravo alors ! tout est au mieux !

— Et Fouché ? As-tu de ses nouvelles ?

— Aucune. J'attends cette nuit le courrier que doit m'expédier Roquefort. Si, de ce côté, les affaires marchaient mal, je partirais dès demain. Tant que le procès ne sera pas engagé complètement, ma présence peut être inutile ici. Le conseiller et ses nièces ont bien encore deux mois à vivre.

— A peu près, répondit froidement le comte. Au reste, cela dépend de l'activité des juges.

Un moment de silence régna entre les deux estimables personnages.

— A propos, reprit le marquis en redressant la tête, on n'a eu aucune nouvelle de cet homme que j'ai si bêtement manqué ?

— Le matelot qui accompagnait le marquis et le vicomte ?

— Oui. Je l'ai blessé, il est tombé !...

— Il est impossible, jusqu'ici, de savoir ce qu'il est devenu.

— Diable ! c'est gênant !

— Pourquoi ?

Le roi du bagne regarda son interlocuteur.

— Par une raison bien simple, répondit-il ; c'est que cet homme, qui s'appelle Mahurec et que ses camarades ont surnommé le roi des gabiers, est dévoué à ses deux officiers comme le chien à son maître, et que jadis, à Brest, il a vu souvent Bamboulà !

Le comte fit un geste d'indifférence.

— Impossible qu'il se souvienne ! dit-il.

— Peut-être ; mais à coup sûr il y aurait moins de danger s'il avait à cette heure un pied de terre sur le corps. Enfin il a sans doute été mourir ailleurs, car ses blessures devaient être graves. Les deux balles avaient porté, j'en suis certain.

— Deux hommes sont chargés de recherches. J'attends des nouvelles, d'heure en heure ; mais, encore une fois, de ce côté, je ne crains rien.

— Dans tous les cas, reprit le marquis, il faut te tenir sur tes gardes. Sors à pied le moins possible. Enfin veille sur tes moindres actions. Tu as aujourd'hui la confiance du conseiller, demain tu auras celle des deux nièces et celle des deux officiers. Tu peux à ton gré brouiller les cartes ; songe à gagner la partie !

— J'y songe aussi, répondit le comte de Sommes avec un singulier sourire.

Le roi du bagne remarqua ce sourire fugitif; mais sa physionomie demeura impassible.

V

LES BOULEVARDS DE PARIS

Paris ! Paris est Paris dans toutes les langues de tous les pays, et c'est la seule ville, au monde, dont le nom n'est jamais changé.

Puis, à Paris, est accolé un autre nom qui est aussi dans toutes les bouches : les boulevards.

Et cependant, il y a deux cents ans à peine, qu'était-ce que cette ligne magnifique qui représente, aujourd'hui, le plus merveilleux coup d'œil dont puisse jouir l'observateur ? Qu'était-ce que cette promenade devenue la reine des voies les plus somptueuses ? C'était un infâme cloaque où allaient s'enfouir les immondices du Paris des Valois. Son origine se perd dans la boue des fossés de 1536, ces fossés creusés autour du mur d'enceinte, pour servir à repousser les attaques des Anglais qui ravageaient la Picardie.

Dans les premiers mois de l'année 1668, on travailla, par les ordres de Louis XIV, au grand mur du rempart de la porte Saint-Antoine. Une partie du fossé fut comblée par les matériaux de rebuts, et comme ce fossé était devenu intérieur, d'extérieur qu'il était, et ne pouvait plus, par conséquent, servir à la défense de la ville, le prévôt songea à faire, de la partie comblée, une promenade pour ses administrés et il fit planter des arbres depuis la porte Saint-Antoine jusqu'au couvent des Filles du Calvaire.

Tout d'abord, cette promenade, que les Parisiens nommèrent le Cours, jouit d'une faveur extrême. Elle fut revêtue de murs dans toute sa longueur. Par arrêt du 7 juin 1670, la continuation du boulevard fut autorisée depuis la rue des Filles du Calvaire jusqu'à la porte Saint-Martin. En 1671, on abattit la vieille porte Saint-Denis pour établir l'Arc de triomphe qui fut élevé, l'année suivante, sur les dessins de Blondel, et aux dépens des Parisiens, à l'occasion des brillantes fêtes données, au roi vainqueur, par le prévôt des marchands et les échevins de la bonne ville. A cette occasion encore, on fit le projet de continuer le boulevard, depuis la nouvelle porte Saint-Denis, jusqu'à celle Saint-Honoré. Le mur du rempart et les plantations d'arbres furent poussés successivement jusqu'à la porte Poissonnière (dite Sainte-Anne), et pour l'exécution de ces projets, on avait démoli l'ancienne porte du Temple.

Par arrêt du 7 avril 1685, on fit enlever les terres, combler les fossés et continuer le rempart et le cours plantés. Cette nouvelle enceinte de Paris était beaucoup plus vaste que celle tracée, en 1631, par Barbier.

Le rempart de Louis XIII s'élevant dans le quartier Saint-Martin sur l'emplacement des rues Meslay et

Sainte-Apolline, on l'étendit jusqu'au point où est aujourd'hui le boulevard. Ce rempart aboutissait encore à la rue Montmartre, entre la fontaine et la rue des Jeûneurs (ou mieux des Jeux-Neufs), il fut également reporté et se continua ainsi, en prenant une nouvelle extension, jusqu'à la porte Saint-Honoré, située sur l'emplacement actuel de la rue Royale.

Enfin en 1777, sous Louis XVI, on démolit la porte Saint-Antoine, vieux monument en ruine, vaine décoration qui gênait la circulation dans un quartier très fréquenté et qui, construite en 1585, réparée en 1670, disparut complètement au mois de mai 1778.

Le même arrêt, qui ordonnait cette démolition, portait que les boulevards Saint-Antoine et du Temple seraient pavés et que les fossés, glacis, contrescarpes, jusqu'à la rue du Calvaire, seraient démolis et comblés afin d'y construire des maisons. Bientôt le quartier de la Chaussée-d'Antin vint, ainsi que nous l'avons dit, achever l'œuvre commencée, et, vers 1782, les boulevards furent une promenade fort belle et une voie de circulation très utile.

« C'est, dit Mercier (à la date de 1782, une promenade vaste, magnifique, commode, ouverte à tous les états, infiniment peuplée de tout ce qui peut la rendre agréable et récréative. »

La belle société avait depuis longtemps déserté la place Royale, et bien que la vogue fût alors aux Tuileries et aux récentes galeries du Palais-Royal, les boulevards partagèrent la faveur de la mode et attirèrent la foule élégante par leur richesse, leurs curiosités, leurs spectacles de toutes sortes. En 1785, les plus beaux magasins de mode, les plus brillants cafés, les académies de coiffure les plus renommées et les plus fastueuses se trouvaient là. Rien de plus curieux, de plus différent déjà, à cette époque, que la physionomie différentes des différentes parties de ce boulevard immense.

Quand on entrait dans Paris par la rue Saint-Antoine, on avait, devant soi, la Bastille et l'Arsenal, puis cette maison que Beaumarchais venait de rendre célèbre. Tout près de cette habitation de l'écrivain était celle d'un homme non moins connu, de cet habile aventurier, de ce Cagliostro dont le nom demeurera attaché à cette folle époque. Un peu plus loin se dressait, encore, le derrière de l'hôtel de Ninon de Lenclos. Une prison, un arsenal, un poète satyrique, un aventurier, une courtisane ; telles sont les illustrations de ce boulevard Saint-Antoine devenu aujourd'hui boulevard Beaumarchais.

Puis, ensuite, venait le boulevard du Temple où se réunissaient joyeusement déjà les petits cafés, les petits restaurants, les petits spectacles, où affluait la foule attirée peut-être autant par l'amour du plaisir que par le singulier privilège dont jouissait, encore avant la Révolution, l'enclos voisin du Temple. L'ancienne demeure des religieux Templiers dont le duc d'Angoulême, fils du comte d'Artois, était alors grand-maître, servait d'asile inviolable aux débiteurs qui ne payaient pas. Sur le seuil de la porte de l'enclos, l'exploit de l'huissier devenait nul, l'arrêt, qui ordonnait la prise de corps, expirait. Le débiteur pouvait entretenir ses créanciers sur ce même seuil, leur parler, leur prendre la main, mais s'il faisait un pas de plus, il était pris. Aussi que de ruses employées et déjouées ! Le débiteur récalcitrant était obligé de payer fort cher une mauvaise petite chambre, du fond de laquelle il arrangeait ses affaires pour reconquérir sa liberté. La visite des jurés des communautés n'avait pas lieu dans le Temple. Toutes les professions y étaient libres sans aucune exception. En 1783, un épicier y exerçait la médecine et vendait une tisane prétendue souveraine.

On comprend ce que la proximité de ce lieu donnait déjà d'attraits au boulevard. Aussi ce boulevard du Temple était-il la promenade à la mode. Là, la foule ébaubie se prélassait en riant aux éclats devant les tréteaux, sur lesquels trônaient les spirituels paillasses du temps passé : ces Bobèche, ces Galimafré, ces Volange, qui feraient pâlir plus d'un comédien renommé de nos jours. Là aussi s'élevait le Théâtre de Nicolet. Là chantait Fanchette la vielleuse, cette charmante jeune fille qui débitait, d'une façon à ravir son auditoire, les couplets badins de Piron, de Collé et de l'abbé de Latteignant. Là venait de s'ouvrir le café Turc, là était l'entrée mystérieuse du Jardin de Paphos.

Un peu plus loin, devant la porte de Curtius, s'égosillait sans relâche un crieur appelant la foule. Curtius ne prenait que deux sous par personne, et moyennant cette somme modique il faisait voir, assise autour d'une grande table, toute la famille royale escortée des ducs et pairs. Puis, dans la pièce voisine, se trouvaient, moulés en cire, les plus jolies femmes de Paris, les écrivains en renom, les voleurs fameux, enfin toutes les célébrités de l'époque.

Et telle était la vogue dont jouissaient ces figures de cire, que le sieur Curtius gagnait plus de cent écus par

jour avec la montre de ces mannequins enluminés. (1).
Mais, ce qui avait mis surtout à la mode la promenade
du boulevard du Temple, avait été l'invention de l'artificier Torré, lequel avait imaginé de donner au public, pour son argent, deux fois par semaine, des feux
d'artifices en plein boulevard. Les propriétaires des
maisons voisines, effrayés de ces divertissements dangereux, intercédèrent auprès du lieutenant de police
pour qu'il défendit ces feux d'artifices.

Torré, qui avait fait de grands frais d'établissement,
se trouvant ainsi ruiné, eut recours à un expédient qui
lui réussit. Sur l'emplacement qu'il avait acheté, il
éleva des salles de bal, fit construire des cafés, établit
des boutiques de mode, et obtint la permission de réunir, deux fois par semaine, le public, de cinq à dix
heures du soir. Le prix d'entrée était de trente sols.

La nouveauté du spectacle, unie à l'intérêt qu'avaient
inspiré les malheurs du pauvre artificier, donnèrent
une vogue incroyable à ce nouvel établissement, que
son propriétaire appela le Vauxhall, quoiqu'il n'eût
rien de commun avec le Vauxhall de Londres. Mais,
grâce au duc de Chartres, l'anglomanie commençait
alors à faire fureur, et pour réussir, il fallait donner à
toute entreprise un faux air de venir d'outre-Manche.

Après le Vauxhall, les établissements célèbres du
boulevard du Temple étaient les Variétés amusantes, le
Café d'Apollon, et enfin le renommé Cadran Bleu, aujourd'hui disparu, comme tant d'illustrations d'autrefois.

(1) L'Espion du boulevard du Temple en 1782. Curtius, artiste en cire, allemand de naissance, avait pour nom : Kurtz.

Le Château d'eau n'existait pas encore au xviiie siècle (1). Cette partie du boulevard était encombrée de mauvaises bâtisses en planches, où un si grand nombre de théâtres en plein vent réjouissaient la foule, qu'il inspira le quatrain suivant à je ne sais plus quel rimailleur du temps :

> Il ne fallait au fier Romain
> Que des spectacles et du pain,
> Mais au Français plus que Romain
> Le spectacle suffit sans pain.

Puis, comme opposition à ces théâtres de dernier ordre, s'était élevé, en 1781, sur le boulevard Saint-Martin, la nouvelle salle de l'Opéra. L'ancienne, située au Palais-Royal, était devenue, le 8 avril 1781, la proie des flammes. Le feu avait pris heureusement au moment où la représentation s'achevait, ce qui avait restreint le nombre des victimes. Les réservoirs manquaient d'eau ; on ne put éteindre l'incendie, et huit jours après, on voyait encore la fumée s'élever des ruines, desquelles on tira vingt et un cadavres défigurés. On s'occupa aussitôt de la reconstruction d'un nouveau théâtre. La reine n'aimait point à éprouver d'interruption dans ses plaisirs, et l'Opéra était du nombre de ceux que Sa Majesté goûtait avec le plus de transport.

Elle fit venir M. Lenoir, l'architecte proposé pour l'érection du nouveau monument, et lui ordonna de rebâtir par enchantement (ce fut son expression) un temple du goût, des grâces et des arts.

— Si la baguette d'Armide existait, répondit le ga-

(1) Il fut construit en 1811.

lant architecte, elle serait sans doute aux mains de la beauté, et Votre Majesté n'aurait besoin de personne pour rebâtir l'Opéra.

— Combien demandez-vous de temps pour achever votre œuvre ? dit la reine.

— Trente jours, répondit nettement l'architecte.

— Je vous en accorde quarante, fit la reine avec joie, et je vous tiendrai pour un habile enchanteur, si vous me remettez la clef de ma loge le quarante et unième.

— Je m'y engage sur l'honneur.

— Et moi, je promets le cordon de Saint-Michel en échange de ma clef.

M. Le Noir sortit enchanté de l'audience, et comme on mit à profusion, sous sa main, argent, matériaux et ouvriers, il tint parole. Mais le théâtre achevé, la foule des courtisans, effrayée de la rapidité merveilleuse avec laquelle avait été construite la salle, se persuada qu'elle manquait de solidité, et le bruit qu'un éboulement sous le poids des spectateurs était probable, se répandit dans tout Paris. M. Le Noir, désolé, alla trouver le roi.

— Êtes-vous certain de votre œuvre ? demanda Louis XVI.

— Parfaitement, sire ; je réponds de la solidité de la salle, dit l'architecte.

— Eh bien ! ouvrez par un spectacle gratis, et vous donnerez un démenti aux faux bruits, si ce que vous dites est vrai.

L'architecte s'empressa d'obéir, et le 30 novembre l'inauguration eut lieu par la reprise d'*Adèle*. La salle, encombrée du parquet aux frises, résista victorieusement, et le nouvel Opéra, construit sur le boulevard Saint-Martin, fut, en effet, si parfaitement solide que nous voyons le bâtiment encore debout, et que, bien que le genre de spectacle auquel il avait été destiné ait été changé, il est loin de menacer ruine (1).

Après avoir franchi la porte Saint-Martin, édifiée en 1674, deux ans après sa sœur la porte Saint-Denis, on trouvait une longue avenue, triste, délaissée, et que sa proximité du boulevard du Temple faisait paraître plus morne. Ce qui fait maintenant la plus belle partie des boulevards (du faubourg Poissonnière à la rue Royale) en était alors la plus laide et la moins fréquentée. Çà et là quelques magasins, quelques boutiques et surtout de grands hôtels, entre autres celui du duc de Richelieu, dont les jardins bordaient tout un côté des boulevards et aboutissaient à ce fameux pavillon de Hanovre, qui fit tant crier après l'illustre maréchal. On prétendait qu'il l'avait fait construire avec le produit des lauriers d'or et d'argent recueillis durant la guerre de Hanovre, et on racontait, à ce propos, qu'après avoir investi une ville ennemie, le duc avait vu s'acheminer vers lui le bourgmestre qui portait, sur un plat, les clefs de la cité, clefs faites en or massif. Le maréchal remercia, déclara la ville prise, et se saisit des clefs d'or.

— Hélas! s'écria le magistrat, en pareille circonstance, M. de Turenne prit la ville et laissa les clefs.

— M. de Turenne était vraiment un homme inimitable! répondit le maréchal en gardant ce dont il s'était emparé.

Plus loin que le pavillon de Hanovre (sur le boule-

(1) Ce fut en 1793 que l'Opéra fut transporté rue de Richelieu (place Louvois).

vard des Capucines actuel et en face la rue Caumartin) s'élevait l'hôtel si luxueux de Mlle Duthé. Au coin de la rue Basse-du-Rempart demeurait Mirabeau. Enfin, côte à côte avec Mlle Duthé habitait le célèbre baron de Grimm, qui nous a laissé une si volumineuse correspondance. Après, venaient les constructions de la nouvelle rue Royale, c'est-à-dire (en 1785) le néant.

Comme on le voit, le boulevard, qui commençait par une prison et un auteur dramatique, se terminait par une courtisane, un journaliste, un aventurier et un futur orateur. Au centre se trouvaient les plaisirs, à côté d'eux le travail. Salomon de Caus, le premier qui ait pensé à l'application de la vapeur et qui mourut fou, ou du moins enfermé comme tel, avait habité le boulevard Saint-Antoine. Boule, le célèbre ébéniste, demeurait dans une bicoque, boulevard du Temple. Montgolfier, l'inventeur des aérostats qui portèrent son nom, avait sa maison à côté de celle où Boule était mort. Puis, pour qu'il ne manquât au boulevard aucune illustration, même celle du crime, Théroigne de Méricourt, ce démon femelle, cette Aspasie du sang, comme on l'avait surnommée en 1793, habitait, inconnue encore en 1785, le boulevard Saint-Antoine.

D'après ce que nous venons de dire, le lecteur peut se faire une idée à peu près exacte de ce qu'était, en 1785, la promenade favorite des Parisiens du xviiie siècle ; elle jouissait déjà à peu près de la même mode que celle dont elle jouit de nos jours ; seulement cette mode avait circonscrit ses limites à celles du boulevard du Temple. C'est sur ce boulevard que nous prions nos lecteur de nous suivre, et de s'arrêter avec nous à la porte même de ce fameux Vauxhall, alors dans l'extrême fraîcheur de sa vogue, car son ouverture avait eu lieu le 7 juillet, c'est-à-dire quelques jours seulement avant celui où a commencé notre récit.

VI

LE VAUXHALL

Le nouvel établissement de Torré se composait d'un vaste salon de danse, d'une salle de café et d'un magnifique jardin où avaient lieu les exercices pyrotechniques ; le tout décoré et disposé avec un art, un goût, un luxe, une entente qui en relevaient encore les principaux ornements. Il était six heures du soir, il faisait grand jour, et la foule affluait vers le Vauxhall, avec une ardeur, qui devait fort réjouir le caissier de l'établissement. La physionomie de cette foule élégante qui fréquentait alors le boulevard du Temple n'était pas moins curieuse à contempler que tous ces spectacles, pas moins riche que toutes ces boutiques éblouissantes qui bordaient la promenade des deux côtés.

La grande mode alors, pour les femmes, était aux bonnets à la Grenade, à la Thisbé, à la Sultane : toutes étaient coiffées en limaçon.

Les hommes portaient des chapeaux blancs à la Boston, à la Philadelphie, à la Colin-Maillard. Hommes et femmes étaient frisés et poudrés de la façon la plus extravagante, et l'on comprendra toute la valeur de ce dernier mot, si l'on songe qu'il y avait alors à Paris plus de douze cents perruquiers, employant plus de six mille garçons, et que, d'après les calculs les plus sérieux des économistes du temps, la farine dépensée à poudrer les cheveux eût facilement nourri dix mille pauvres par an.

La canne avait remplacé l'épée, et les femmes elles-mêmes l'avaient reprise après l'avoir abandonnée depuis le xi° siècle. Elles sortaient seules dans la rue et sur les boulevards, la canne à la main. La canne, au reste, n'était pas pour elles un vain ornement, elles en avaient véritablement besoin plus que les hommes, « vu la bizarrerie de leurs hauts talons qui, dit Mercier, ne les exhaussaient que pour les empêcher de marcher. » Outre sa canne, chaque femme, qui se respectait, tenait à la main la laisse d'un petit chien qui marchait devant elle.

Cette nouvelle folie était poussée au dernier point. « Nos dames, dit un autre écrivain de l'époque, sont devenues gouvernantes de roquets, et partout on les voit suivies de grands imbéciles qui, pour leur faire la cour, portent leurs chiens publiquement sous le bras dans les promenades et dans les rues. » Les hommes aussi avaient leurs modes ridicules. Les lorgneurs, armés d'un énorme lorgnon à deux branches, remplissaient les lieux publics, les spectacles, et s'évertuaient à déployer toutes leurs grâces pour manier le gigantesque binocle.

Après les lorgneurs, venaient les physionomistes. Pour expliquer cette dernière dénomination, il faut se rappeler que la science de Lavater était alors dans toute sa mode, et que chacun se piquait de lire, sur le visage d'autrui, ses pensées les plus secrètes. Les physionomistes se plantaient résolument sur les boulevards, dans les rues, dans les promenades et n'avaient d'autre occupation que celle de dévisager les passants et surtout les passantes, lorsque celles-ci étaient jolies.

Puis venait l'élégant.

« L'élégant, dit l'auteur du Tableau de Paris, n'exhale point l'ambre comme le petit-maître : son corps ne paraît pas non plus, dans un instant, sous je ne sais combien d'attitudes ; son esprit ne s'évapore point dans des compliments à perte d'haleine. Sa fatuité est calme, tranquille, étudiée ; il sourit au lieu de répondre : il ne se contemple point dans sa glace : il a les yeux incessamment fixés sur lui-même, comme pour faire admirer les proportions de sa taille et la précision de son habillement. Il laisse parler les autres ; la dérision imperceptible réside sur ses lèvres ; il a l'air de rêver et il vous écoute. Les femmes, de leur côté, n'épuisent plus les superlatifs, n'emploient plus les grands mots étonnants. Les élégantes parlent avec une simplicité affectée et n'expriment plus sur aucune chose ni leur admiration, ni leurs transports ; à peine daignent-elles parler. »

L'élégant et l'élégante étaient les séides des modes anglaises, et Mercier aurait pu dire que les uns et les autres affectaient d'imiter les airs froids, roides et gourmés de nos voisins, comme ils s'évertuaient à copier leurs vêtements, leurs usages et leurs habitudes. Rappeler de nos jours les costumes étranges dont s'affublaient alors les femmes du monde ou celles aspirant à ce titre, ceux des hommes les plus renommés pour le soin de leurs toilettes, serait chose plus que difficile à accomplir. Bornons-nous à citer les polonaises à jupes courtes, les caracos à l'innocence reconnue qui étaient de pekin lilas garnis de collets, de revers et de parements vert pomme, et boutonnés avec des boutons de nacre.

Le chapeau-bonnette, dont la partie supérieure avait exactement la forme d'un pain de munition et dont les bords, plissés en larges tuyaux aplatis sur les tempes, s'allongeaient en auvent, sur le front et sur la nuque, que surmontaient des plumes et des fleurs nouées avec un ruban à l'arc-en-ciel. Les paniers avaient été remplacés par les jupons grossis, les bouffantes, les jupons ébaubis et les tournures auxquelles notre délicatesse nous empêche de donner le nom moins décent qu'elles portaient, mais qui est écrit en toute lettre dans les Mémoires de Mme de Genlis. Mais le lorgneur, le physionomiste, l'élégant, l'élégante n'étaient pas, heureusement pour la gloire financière du Vauxhall, les seuls qui eussent droit d'entrée dans l'enceinte de l'établissement renommé.

Officiers et financiers, bourgeois et magistrats, commis et clercs, grisettes et soubrettes venaient là, plus rarement, il est vrai, mais toujours en troupes nombreuses, prendre une partie de ce plaisir que l'on payait avant de pénétrer dans le sanctuaire.

Il eût donc été difficile de trouver un spectacle plus attrayant par sa diversité, plus brillant par ses mille bigarrures, plus animé, plus riant, plus bruyant et plus tumultueux que celui qu'offrait, chaque après-midi et chaque soir, l'enceinte du Vauxhall. Comme dans tous les lieux publics où la foule se réunit sans distinction légalement imposée, des barrières invisibles s'étaient élevées cependant au Vauxhall entre les différentes catégories du public qui en franchissait l'enceinte, et chaque classe de la société se trouvait, pour ainsi dire, en possession exclusive d'une partie du vaste établissement.

Ainsi, les jardins avaient le privilège de voir se réunir dans leurs mystérieuses allées, l'élite des promeneurs élégants et des plus jolies promeneuses. Là, on allait passer quelques heures, attiré qu'on était moins encore par les promesses affriolantes des affiches monstrueusement gigantesques placardées à la porte, que par le besoin d'obéir aux caprices de la mode, que par le désir surtout de voir et par celui plus impérieux encore d'être vu.

Grisette singeant la grande dame, femme du monde s'efforçant de dissimuler son rang sous le vêtement écourté de la petite bourgeoise, camériste se parant au grand jour des falbalas empruntés à la garde-robe de sa maîtresse, courtisane avide d'aventures se coudoyaient, se mêlaient, se croisaient, prêtant l'oreille aux galants propos des gentilshommes en humeur de s'encanailler, répondant aux œillades des gardes françaises, aux sourires engageants des jeunes procureurs et aux déclarations brillantes des Messieurs de la Ferme.

Le café, lui, avait ses tables accaparées, ses banquettes occupées, ses salles encombrées par les bons bourgeois, bien aises de goûter à la fois deux plaisirs et de contenter en une même soirée les yeux et l'estomac. Là se trouvait encore de vieux sous-officiers, mettant à réquisition la bourse de quelques badauds, des joueurs organisant une partie qu'on allait consommer dans quelque tripot voisin, et surtout de ces nouvellistes dont la spécialité fâcheuse était, à cette époque, d'encombrer tous les lieux publics pour y répandre des théories incendiaires et y raisonner de tout et sur tout, envers et contre tous.

Puis, tandis que le jardin et le café voyaient leurs habitués émailler les allées et vicier l'atmosphère des salles, le salon de bal était occupé par la partie, sans contredit, la plus honnête de la réunion : celle aimant le plaisir pour le plaisir lui-même et venant demander, à la musique de Torré, les joies de la danse.

Dans la salle de bal on trouvait des familles entières de la petite bourgeoisie, des parents y conduisant leurs jeunes filles, d'honnêtes travailleurs venant chercher un innocent délassement aux fatigues, des commis, des clercs en quête de jolies danseuses. Là on riait, on causait, on dansait sans chercher à éviter les regards ; là enfin on s'amusait gaiement et réellement.

Ce soir du dimanche où nous entrons au Vauxhall, la salle de bal était resplendissante, de joie, de bruit et de lumière.

Entre la salle de bal et les salles du café, se trouvait un espace libre, découvert, sorte de terrain neutre reliant ensemble ces deux parties de l'établissement et précédant l'entrée du jardin.

Dans cet endroit, où l'on était également à proximité des plaisirs de la danse de ceux de la promenade, et d'où l'on entendait, à la fois, la musique du salon et les murmures bruyants s'échappant du café, se tenait un groupe composé de personnages que nous avons déjà rencontrés au début de notre récit.

Danton, Tallien, Michel Ney, Saint-Just et Joachim, le jeune abbé qui avait bien décidément jeté le froc aux orties, pour revêtir l'uniforme, causaient ensemble tout en regardant tous ceux qui passaient. Joachim était charmant avec son habit vert à retroussis rouges, et ce vêtement militaire faisait encore ressortir sa bonne mine et son air éveillé. Danton tenait la parole, et ceux qui l'entouraient l'écoutaient avec une attention dénotant un intérêt profond.

— Je me suis occupé de cette affaire, disait l'avocat, et, je vous le répète, mon opinion est formellement arrêtée : ils sont coupables ! D'ailleurs, il n'existe aucune base pour établir une conviction contraire. MM. d'Herbois et de Renneville seront condamnés ; cela ne fait pas un doute dans mon esprit.

— Cependant, dit Saint-Just, vous les connaissez tous deux...

— Eh oui ! répondit Danton ; et c'est précisément pourquoi j'ai voulu approfondir cette déplorable affaire car je les avais toujours tenus pour des hommes d'honneur et de parfaits gentilshommes.

— Je croyais, dit Michel, que vous deviez être l'avocat du marquis d'Herbois ? Du moins ce bruit courait-il hier à l'étude.

— Peut-être défendrai-je le marquis, mais rien n'est décidé à cet égard. Je voudrais que Robespierre se chargea de la cause du vicomte...

— Est-ce qu'il a refusé ?

— Non ; mais il n'a pas encore accepté ! Il veut étudier à fond la cause avant de donner une réponse, et je lui ai remis ce matin même toutes les pièces que j'ai pu réunir.

— Et ces pièces sont autant de charges contre les accusés ? demanda Tallien.

— Des charges accablantes !

— Ils ont avoué ?

— Non pas ! Ils nient tout ; mais, malheureusement pour eux, leur défense ne prouve rien, tandis que l'accusation est claire, précise et presque indiscutable. Les circonstances les accablent, les témoignages les plus graves sont contre eux. La déposition de M. de Niorres et d'une foudroyante précision. Il a déclaré qu'il avait surpris les deux assassins au moment où ils achevaient de commettre leur dernier crime. M. de Renneville venait de tuer, d'un coup de pistolet, la malheureuse Mme de Versac.

— Quelle horreur ! s'écria Joachim.

— Et le vicomte nie ? demanda Michel.

— Absolument.

— Le conseiller a peut-être été le jouet d'une horrible hallucination, dit Tallien ; je plaiderais cela, moi !

— Le dire de M. de Niorres peut sans doute être combattu, reprit Danton ; mais il est une déclaration plus difficile à mettre à néant : c'est celle d'un nommé Georges, valet au service du conseiller. Cet homme, qui avait accepté des deux accusés la mission de tenir prête une voiture pour faciliter leur fuite, et qui a été arrêté étant encore à son poste, a fait les révélations les plus écrasantes. Habilement interrogé, il a d'abord balbutié ; pressé, il s'est coupé dans ses assertions ; enfin, perdant la tête, il s'est lui-même déclaré coupable. Il a dit être depuis longtemps le complice du marquis d'Herbois et du vicomte de Renneville.

— Oh! cela est grave, dit Tallien.

— Enfin, qu'a-t-il dit encore? demanda Saint-Just.

— Il a fait les aveux les plus complets, répondit Danton. Il a déclaré avoir trempé dans les crimes précédents.

— Et qu'ont répondu MM. d'Herbois et de Renneville? demanda Michel.

— Ils n'avaient pu rien répondre à l'heure où j'ai eu ces détails ; car ils ignoraient les aveux faits par leur complice, et ils n'avaient point encore été confrontés avec lui.

— Mais, si ce Georges dit vrai, la défense est impossible.

— Sans doute! Quel intérêt Georges aurait-il à mentir puisqu'il s'avoue coupable? D'ailleurs, ses indications sont précises. Il est entré dans les plus minutieux détails ; il a décrit les moindres circonstances ; il a déclaré la nature du poison ; comment il se l'était procuré... D'autres domestiques interrogés ont affirmé être vraies toutes les dépositions de Georges, et ils se rappelaient tous les détails que celui-ci avait relatés.

— Et il dit que MM. d'Herbois et de Renneville sont ses complices?

— Il dit que ce sont les instigateurs des crimes. Lui n'aurait été que l'instrument.

— C'est drôle, dit Michel ; ces deux jeunes gens m'intéressaient, moi! Quand je songe qu'il y a huit jours à peine nous avons voyagé avec eux dans le carrabas de Versailles.

— Le fait est, ajouta Joachim, qu'ils ne m'ont pas semblé avoir mauvaise figure.

— Ni à moi, dit Saint-Just ; et cependant ils sont coupables !

— Oh ! parfaitement coupables, fit Danton. Je ne puis en douter, je le répète.

En même temps que se terminait cette conversation, s'achevait dans la salle de danse le silence qui y régnait depuis quelques instants, et la musique, résonnant brusquement et bruyamment, excitait une animation générale.

— Ah ! s'écria Joachim, je vais danser !

— Et moi aussi ! fit Saint-Just. Venez-vous, monsieur Tallien ?

Les trois jeunes gens s'éloignèrent vivement dans la direction du salon de danse, laissant seuls Danton et Michel.

— Pardonnez-moi, dit l'avocat au clerc de notaire, mais j'aperçois là-bas un de mes amis qui vient d'entrer dans le jardin. C'est Marat, vous savez, le chirurgien des écuries du comte d'Artois ? et il faut que je lui parle.

Michel salua Danton, et, comme celui-ci s'éloignait, il tourna, sur ses talons, pour aller rejoindre Tallien dans la salle de bal : mais ce mouvement rapide le mit brusquement nez à nez avec un couple qui arrivait à contre sens. Ce couple se composait d'un homme et d'une femme. L'homme, de taille moyenne, jeune encore, portait martialement l'uniforme de soldat aux gardes françaises ; les galons de caporal brillaient sur les manches de l'habit.

La femme plus jeune de quelques années, vive, pimpante, l'œil alerte, le nez au vent, portait, le plus coquettement du monde, le costume retroussé de la fin du XVIIIe siècle qui rendait ravissantes les femmes seulement jolies, jolies les moins laides, et fort avenantes encore les plus mal douées par la nature.

Le clerc de notaire, le garde française et la jeune femme s'étaient forcément arrêtés sur place, par suite de leur brusque rencontre, et demeurèrent un moment tous trois face à face et immobiles.

— Tiens ! s'écria la jolie commère, je ne me trompe pas ; c'est une de mes pratiques de Versailles, monsieur Michel !

— Lui-même, ma belle petite mère Lefebvre, répondit le clerc en tendant la main au caporal, et en saluant la blanchisseuse-cabaretière. Comment diable se fait-il que je vous retrouve en ce moment au Vauxhall ?

— C'est encore une idée à ma femme, répondit le caporal.

— Et je n'en ai que de bonnes, je m'en vante, dit vivement Mme Lefebvre. Figurez-vous, mon petit monsieur Michel, que depuis huit jours tout le monde me parle de ce satané Vauxhall. Le Vauxhall par-ci, le Vauxhall par-là !... Ça ne fait que m'être corné aux oreilles. Pour lors, j'ai voulu voir cette merveille. Aujourd'hui c'était dimanche, j'ai prié Mme Hoche de répondre à mes pratiques, s'il en venait, que j'allais me promener à mon tour ; j'ai mis ma plus belle robe, mes plus beaux souliers, j'ai pris ma mante des jours de fête, mon bonnet à rubans jaunes et mon mari, et nous sommes montés en pot-de-chambre. Voilà !

— Et vous vous amusez ?

— Si je m'amuse ! s'écria la blanchisseuse ; c'est-à-dire que je n'en peux plus ! J'ai les jambes qui me rentrent dans le corps tant j'ai marché ; je suis rouge comme une écrevisse cuite, à force de regarder ; j'ai un mal de tête abominable et le gosier sec comme un pur hareng saur !

— Le fait est, dit Lefebvre, que nous nous sommes fièrement amusés !

— Jamais je n'ai eu tant d'agrément à la fois, moi ! dit M%%%e%%% Lefebvre.

— Eh bien ! dit Michel, puisque vous avez soif, allons au café. J'aurai le plaisir de vous offrir un verre de punch ou une glace.

— Une glace ! dit M%%%me%%% Lefebvre ; je n'en ai jamais mangé. On dit que c'est un vrai mets de duchesse, et, ma foi, je ne serais pas fâchée d'en connaître le goût !

— Allons au café !

Et Michel, offrant galamment son bras à son hôtesse de Versailles, s'achemina avec elle vers la partie la non moins fréquentée du Vauxhall.

Lefebvre marchait devant, le poing sur la hanche, écartant du coude les flots pressés de la foule.

L'affluence était réellement extraordinaire, et, si le monde continuait à envahir la porte, il était évident que l'établissement allait devenir trop étroit.

En pénétrant dans le café, Lefebre avait lancé autour de lui un regard scrutateur comme s'il eût cherché quelques-unes de ses connaissances parmi la foule qui encombrait les salles.

— Par ici ! dit-il à sa femme et à Michel, qui tous deux cherchaient en vain une table disponible. Par ici ! j'aperçois Hoche tout là-bas avec des amis. Ils nous feront bien une petite place.

Et le caporal aux gardes françaises, circulant au milieu de ces bancs, de ces tables et de ces tabourets, comme un pilote habile au milieu d'une rade remplie de navires, atteignit le port de refuge qu'il venait de découvrir.

Hoche était attablé avec ces deux personnages, qui

avaient joué un si grand rôle, lors de l'accident dans lequel Léonard avait failli périr : Santerre le brasseur et Fouquier le conducteur du carrabas.

En apercevant Mme Lefebvre et le clerc de notaire, le garçon d'écurie du comte d'Artois et ses compagnons s'empressèrent de faire place à côté d'eux.

— Là! dit Lefebvre en s'asseyant et en appelant le garçon.

— Donnez-nous des glaces! commanda Michel.

— Ouf! qu'il fait chaud, ici, dit Mme Lefebvre en s'éventant avec un plateau vide qu'elle prit sur la table.

— Il faisait encore plus chaud où était Hoche, il y a quatre jours, dit Santerre de sa grosse voix rude.

— Où donc était-il, ce garçon?

— Ah! dit le neveu de la fruitière, si ma tante avait su celle-là, j'aurais attrapé un fier savon.

— Au fait, qu'est-ce que tu as donc fait? demanda Lefebvre. Il y a cinq jours qu'on ne t'a vu à Versailles.

— J'étais de service aux écuries de Paris. Monseigneur a échangé des chevaux avec le prince de Soubise, et c'est ça qui m'a retenu et qui a été cause que j'ai manqué d'être rôti.

— Comment? demanda Mme Lefebvre.

— Parbleu! en me mettant dans le feu pour en retirer d'autres. Je racontais cela à ces messieurs tout à l'heure. Figurez-vous qu'il y a quatre jours, juste je venais de souper avec les palefreniers du prince de Soubise à son hôtel. Nous avions bien mangé et bien bu, quand tout à coup nous entendons des cris abominables et nous voyons une grande lueur rouge. Nous sortons dans la cour, nous regardons. C'était l'hôtel de Niorres qui brûlait.

— Ah! fit Michel, vous étiez là?

— Oui, Monsieur, et j'ai failli y laisser ma peau.

— Raconte-nous cela! ajouta Lefebvre.

— Alors, reprit le garçon d'écurie, nous nous élançons au secours, la foule accourait de tous côtés, mais nous trouvant les plus près, nous entrons naturellement les premiers dans les jardins. C'était déjà un spectacle horrible. Chacun prend ce qu'il trouve pour aller puiser de l'eau, moi je m'élance comme les autres, je cours dans le jardin, quand tout à coup je me heurte contre quelque chose et je m'étale de tout mon long. Je me relève, je regarde, c'était un homme couché sur le gazon qui m'avait fait tomber. Je me penche : le pauvre diable était couvert de sang... il ne bougeait pas. Un palefrenier passait avec un seau d'eau, je le lui arrache et je le jette au nez de mon indiv'du qui ouvre un œil en jurant comme un vrai possédé. Alors, qu'est-ce que je reconnais? Un ami à vous, père Lefebvre!

— Comment, un ami à moi? dit le caporal. Qui donc?

— Eh! votre ami le matelot!

— Mahurec!

— Lui-même.

— Il était là?

— Mais oui!

— Et qu'est-ce qu'il faisait?

— Parbleu! il se mourait tout bonnement.

— Il était donc blessé?

— Il avait reçu une balle dans le côté gauche et une autre à l'épaule droite.

— Il était blessé par deux balles! s'écria Michel avec étonnement.

— Ah çà! dit Lefebvre, on s'était donc battu?

— Dame ! il paraîtrait.

— Comment ? tu ne sais pas qui est-ce qui l'avait blessé ?

— Non.

— Il ne t'a rien dit ?

— Avant-hier encore, il ne pouvait pas parler, et je ne l'ai pas revu depuis.

— Ah ! le pauvre garçon, dit Mᵐᵉ Lefebvre avec émotion. Il a l'air d'un si brave homme !

— Et où est-il ?

— Chez une vieille femme, une amie de ma tante, chez laquelle je l'ai transporté au plus vite, répondit Hoche.

— Et tu ne m'as rien fait dire ? s'écria Lefebvre d'un ton de reproche.

— Je vous aurais averti demain en retournant à Versailles.

— Pauvre Mahurec ! mais je veux aller le voir tout de suite, moi !

— Et moi aussi ! ajouta vivement la mère Lefebvre. Au diable le Vauxhall et ses feux d'artifices. Ce pauvre homme se meurt peut-être pendant ce temps-là ! Dis donc, Lefebvre ! il faut le soigner, entends-tu !

— Dis nous où il est, Hoche ?

— Mon Dieu ! je vais vous conduire près de lui, si vous le voulez.

— C'est çà, mon garçon ! Filons en deux temps et quatre mouvements.

Lefebvre et sa femme étaient déjà debout.

— Je vous accompagne ! dit vivement Michel.

Puis arrêtant du geste le garde française et sa femme:

— Atendez ! ajouta-t-il. Il y a encore quelqu'un qui doit venir avec nous.

— Qui donc ? demanda Mᵐᵉ Lefebvre.

— L'avocat Danton, je vais le chercher... Attendez-moi une minute !

— Mais pourquoi ?...

— Ce serait trop long à vous expliquer. Seulement je suis convaincu que sa présence sera fort utile pour l'explication des blessures qu'a reçues votre ami.

Et le clerc de notaire faisant un dernier geste pour inviter ses compagnons à la patience, s'élança vivement hors du café. Fouquier s'était levé également et s'apprêtait évidemment à suivre Lefebvre et sa femme.

VII

LA PRISON

Le Châtelet, auquel Louis XIV avait fait, en 1684, ajouter plusieurs parties de bâtiments, sentait sa ruine prochaine, mais il était toujours debout, à sa même place, dominant le quai de ses vieilles tours noircies par les siècles, sous l'une desquelles était ce passage étroit, obscur et humide qu'on était obligé de franchir en allant du Pont-au-Change à la rue Saint-Denis.

Là encore existaient, avant que la hache révolutionnaire en eût éparpillé les décombres, ces prisons fameuses citées dans l'ordonnance d'Henri VI, roi de France et d'Angleterre, à la date du 10 mai 1425, pour être déjà au nombre de quinze. Dix d'entre elles étaient les moins horribles, puisque, dit un écrivain du temps, les lits y étaient payés plus chers, car chaque prisonnier payait son droit de demeure forcée.

Ces dix prisons portaient chacune un nom différent. C'était : les Chaînes, Beauvoir, la Motte, la Salle, les Boucheries, Beaumont, la Grièche, Beauvais, Barbarie et Gloriette. Les prisonniers y payaient, par nuit, quatre deniers pour un lit entier, et deux deniers pour une place. Les cinq autres prisons, plus justement renommées par l'horreur qu'elles inspiraient, étaient : la Fosse, le Puits, la Gourdanie, le Berseuil ou Berceau, les Oubliettes, où les prisonniers n'étaient tenus de payer qu'un seul denier par nuit pour une couche de paille. Enfin, il y en avait une seizième où l'on ne payait rien, mais dans laquelle on n'avait droit à rien, et qui portait le nom caractéristique de : Entre-deux-Huis (portes).

A l'entrée, pendant le séjour et au moment de la sortie, les prisonniers acquittaient encore, de leur bourse, les droits de geôlage.

Dans les comptes de la prévôté de Paris, on lit cet article : « Poulie de cuivre servant à la prison de la Fosse du Châtelet. »

Il paraît que les prisonniers étaient descendus dans le cachot, dit la Fosse, par une ouverture pratiquée à la voûte du souterrain, comme descend un seau dans un puits. Peut-être que cette Fosse du Châtelet était celle qu'on nommait aussi Chausse d'Hypocras, où les prisonniers avaient les pieds dans l'eau et ne pouvaient se tenir ni debout, ni couchés. Sa forme devait être celle d'un cône renversé.

Ordinairement les prisonniers y mouraient après quinze jours de détention. C'était le digne pendant de ce cachot du château de Vincennes qui valait, prétendait-on, son pesant d'arsenic. Les oubliettes avaient reçu également la dénomination énergiquement expressive de Fin-d'aise. Ce cachot était plein d'ordures et de reptiles. L'auteur des *Persécutions de l'Eglise de Paris* dit, en parlant de l'un des cachots du Châtelet, que « Pierre Gobert fut mis dans le trou le plus fâcheux, nommé Fin-d'aise, pleins d'ordures et de bêtes, et ne cessait pourtant de chanter psaumes, etc. »

La cour du Châtelet était, avant la Révolution, présidée par le prévôt de Paris, le lieutenant général de police, le lieutenant civil et deux lieutenants particuliers. Elle se composait, en outre, de cinquante-cinq conseillers et de dix conseillers honoraires, et se divisait en quatre sections : l'audience du parc-civil, celle du présidial, la chambre du conseil et la chambre criminelle. C'était naturellement à celle-ci qu'appartenait le jugement de l'affaire de MM. d'Herbois et de Renneville. Sur la porte de cette chambre on lisait ce beau distique du poète Santeuil :

Hic pœnæ scelerum ultrices posuere tribunal
Sontibus unde tremor civibus inde salus.

que l'on a traduit ainsi :

Ici la loi plaça son tribunal auguste
Pour l'effroi du coupable et le salut du juste.

A leur arrestation, le marquis d'Herbois et le vicomte de Renneville avaient été provisoirement conduits à la Bastille ; mais le lendemain, sur l'ordre du lieutenant civil, ils avaient été transférés dans les prisons du Châtelet pour être mis ainsi à la disposition de la chambre criminelle, et s'étaient vu enfermer dans le cachot nommé les Chaînes (1) et réservé spécialement à l'honneur de recevoir les gentilshommes accusés d'un crime pouvant entraîner la peine de mort. En arrivant au Châtelet, en pénétrant par le guichet sous une porte basse, en parcourant les sombres détours de ce repaire du crime et du vice, en montant l'escalier de la tour qui devait les conduire aux Chaînes, le marquis et le vicomte étaient demeurés calmes et forts,

(1) C'était dans ce même cachot que devaient être enfermés quelques années plus tard le baron de Bezenval et le malheureux Favras.

comme deux hommes parfaitement résolus à tenir tête au fatal destin qui les poursuivait de ses coups. Interrogés tour à tour par le lieutenant civil et le lieutenant de police, ils s'étaient contentés de nier simplement toute participation au crime dont on les prétendait coupables, refusant, ainsi que l'avait dit le comte de Sommes au conseiller au parlement, d'entrer dans aucune explication relative à leur conduite.

— Prouvez-nous clairement notre culpabilité, avait dit le marquis, et alors nous saurons bien nous justifier. Jusque-là, protester de notre innocence sera notre seule manière d'agir ; chercher à nous justifier par des preuves serait accepter une accusation que vous ne pouvez même nettement formuler.

En présence de la contenance froidement résolue des deux jeunes gens et du parti pris évident qu'ils avaient de ne pas répondre, les juges cherchèrent d'autres bases que les aveux des accusés pour établir leur acte judiciaire. Ce fut alors que les témoins appelés déposèrent, et, comme le disait Danton à ses amis, ces témoignages furent accablants. Ce fut alors aussi que Georges, le valet de M. de Niorres, entra dans une voie de révélations qui devait conduire, lui et les complices qu'il se donnait, à une condamnation certaine.

C'était le dimanche matin qu'avait eu lieu la déposition de Georges, et Danton était parfaitement au courant de la situation, en ajoutant que le marquis et le vicomte ignoraient cet aveu si compromettant pour eux. C'est donc à l'heure même où se passait au Vauxhall les scènes que nous avons rapportées dans les précédents chapitres que nous introduisons le lecteur dans la prison des deux jeunes gens, à l'instant précis où Lefebvre et sa femme, apprenant la triste situation dans laquelle se trouvait Mahurec, s'empressaient de quitter l'établissement de Torré pour courir au chevet du malheureux blessé.

Hoche les conduisait. Ney avait ramené Danton, lequel semblait fortement préoccupé par ce que lui venait de communiquer le jeune clerc de notaire. A quelques pas derrière eux, marchait Fouquier, le prétendu conducteur de carrabas, l'agent du lieutenant de police.

Il pouvait être à peu près sept heures du soir, et le soleil était sur son déclin ; un dernier rayon, pénétrant par la fenêtre grillée pratiquée dans l'épaisseur de la muraille, éclairait l'intérieur de la prison. Les murs nus, blanchis à la chaux, présentaient tristement leur ton livide et uniforme. En face de la petite fenêtre, était une énorme porte, sans serrure apparente, garnie d'un petit guichet grillagé, lequel permettait, au surveillant, de donner un coup d'œil investigateur dans la pièce. Deux tabourets de paille, une table en bois blanc, deux mauvaises couchettes, sur lesquelles s'étalait un maigre matelas, recouverts de drap bis et d'une couverture grise, composaient, avec une cruche de grès, tout l'ameublement du cachot.

Charles et Henri étaient assis tous deux sur l'un des lits. La chaleur était étouffante entre ces murs épais, et pour moins souffrir, les deux jeunes gens avaient rejeté leurs habits et leurs vestes. Leurs cheveux, sans poudre, pendaient en longues mèches autour de leur front pâli. Une sombre douleur se lisait dans leurs regards fixés sur les dalles qui pavaient le cachot. Tous deux se tenaient la main et le plus profond silence régnait entre eux.

Tout à coup le vicomte de Renneville fit un mouvement convulsif, se leva brusquement, et, parcourant la chambre, tandis qu'une rougeur ardente teignait subitement son front :

— Oh ! s'écria-t-il avec une rage sourde, une telle situation ne peut se prolonger plus longtemps ! Lors même que notre innocence sera publiquement reconnue, on nous jettera toujours cette accusation à la face. Il y aura des gens qui se croiront mal convaincus et qui nous prétendront coupables ! Cela ne se peut pas, Charles, cela ne se peut pas ! il faut en finir ! Notre existence est désormais brisée, pourquoi chercher plus longtemps à en rattacher les fils rompus par une réunion de circonstances fatales ?... Je ne lutte plus, moi ! je ne me sens plus de courage que pour mourir !

— Mourir ? répéta le marquis en se dressant vivement. Ce serait avouer une culpabilité dont notre mémoire serait à jamais souillée. Ce serait méconnaître ce que nous devons à nos ancêtres dont nous jetterions ainsi les noms honorés dons la fange ! Non ! non ! Henri, il ne faut pas mourir ! Il faut vivre assez pour triompher du sort injuste qui nous accable ! Veux-tu donc que le monde répète que Blanche et Léonore ont aimé deux assassins ?

— Mon Dieu! s'écria le vicomte, si elles nous aiment autant que nous les aimons, ce qu'elles souffrent doit être horrible ! Pauvres chères créatures !

— Notre mort ajouterait à leurs souffrances !

— Mais la vie est-elle donc possible, Charles ?

— Oui, tant que nous serons accusés !

— Eh ! s'écria le vicomte avec un emportement plus furieux encore, comment prouver la vérité ? Comment nous défendre ? Tout ne se dresse-t-il pas pour nous abattre ? Chaque jour voit une arme nouvelle tourner contre nous sa pointe acérée. Expliquer notre présence à l'hôtel de Niorres, c'est jeter en pâture à la calomnie, la réputation, l'honneur de deux nobles jeunes filles qui nous ont donné toute leur confiance, tout leur amour. Pouvons-nous donc répondre à cet amour, à cette confiance par la honte ?

— Mais, reprit le marquis, ne devons-nous donc pas dire la vérité entière ? Où sera la honte dont tu parles ? Nous aimons Blanche et Léonore, nous n'avons qu'un espoir, nous ne formons qu'un seul désir, c'est de leur faire agréer le nom que nous portons. Les terribles événements accomplis dans la famille de Niorres justifient suffisamment les craintes qui devaient nous agiter. Nous avions formé le plan d'arracher, de ce repaire de crimes, celles que nous aimons plus que la vie! N'étions-nous pas résolus à employer la violence s'il le fallait ? Cela est la vérité, Henri, et cela explique notre présence dans les jardins de l'hôtel de Niorres. Quoi de plus naturel ? Voilà ce qu'il faut dire, mon ami ; et voilà ce que nous dirions à l'instant, si tu ne venais de me conjurer de garder le silence. Pourquoi ? je l'ignore. Je t'ai promis de t'obéir sans que tu te fusses expliqué ; mais, cependant, il est temps de répondre et de prouver notre entière innocence.

— Prouver cette innocence est impossible ! dit le vicomte en secouant tristement la tête.

— Impossible ! répéta le marquis en s'arrêtant brusquement.

— Oui, dit M. de Renneville en se laissant tomber sur le lit avec un accablement profond impossible !

M. d'Herbois se rapprocha de lui vivement et lui prit les mains.

— Henri ! dit-il, reviens à toi ! Ta tête s'égare ! Le

malheur qui nous frappe a-t-il donc troublé ton esprit ? Tu dis qu'il est impossible de prouver notre innocence ? Pourquoi parles-tu ainsi ?...

— Oh ! fit le vicomte en jetant ses deux bras autour du cou de son ami, pardonne-moi, Charles ; c'est moi qui suis la cause de tous les maux qui t'accablent ! Pardonne-moi..... car j'ai rendu irrécusable l'accusation qui, à cette heure, pèse sur nos têtes !

— Toi ! s'écria le marquis en reculant d'un pas.

Un léger moment de silence régna dans la prison. Les derniers feux du soleil ne brillaient plus que fugitivement, et les premières vapeurs du soir, s'élevant au-dessus de la grande ville, plongeaient les cachots du Châtelet dans une vague obscurité.

Henri, à demi étendu sur le lit, le front pressé entre ses mains humides de sueur, semblait en proie à un fol accès de désespoir. Charles demeurait stupéfait, debout, en face de son ami, se demandant s'il devait ajouter foi aux paroles qu'il venait d'entendre, et cherchant à se rendre compte de ce qui se passait dans l'esprit de Renneville.

Depuis la veille, effectivement, un changement complet s'était opéré chez le vicomte. Jusqu'alors il avait relevé un front calme sous l'accusation portée contre lui. Ferme et résolu, il avait rejeté, avec mépris, tout allégation lui paraissant indigne d'être combattue. Lui et le marquis avaient refusé de répondre durant leurs deux premiers interrogatoires, n'opposant que le silence aux questions pressantes du magistrat chargé de l'instruction.

Certains de leur innocence, ils pensaient que l'accusation tomberait d'elle-même, et ils eussent cru faire abnégation de leur dignité personnelle en descendant, eux, jusqu'à la combattre. Mais la veille au soir, le samedi, chacun des deux accusés avait été appelé par un juge différent et interrogé séparément.

Le marquis d'Herbois avait été reconduit le premier dans la prison. Une demi-heure après le vicomte avait été ramené à son tour. Il faisait nuit ; l'obscurité la plus profonde régnait dans la pièce, et Charles n'avait pu remarquer l'altération effrayante qui décomposait la physionomie de son compagnon.

Quelques mots avaient cependant été échangés entre eux ; mais le vicomte, rejetant la répugnance, qu'il éprouvait visiblement, à répondre sur une indisposition qu'il prétendait ressentir, se renferma dans un mutisme absolu. M. d'Herbois crut devoir laisser son ami se livrer au violent chagrin auquel il semblait être en proie, et, pensant que l'interrogatoire qu'il venait de subir avait de nouveau excité ses douleurs, il s'abstint de toute nouvelle insistance.

La nuit entière s'était passée comme s'étaient accomplies les nuits précédentes ; les deux jeunes gens ne donnant au sommeil que les heures de repos absolument exigées par les besoins de la nature. Le jour était venu ; le vicomte paraissait dormir encore ; le marquis respecta son repos. Enfin, le geôlier avait apporté le frugal repas du matin. Henri avait refusé d'en prendre sa part. Cependant il semblait remis, et il n'avait pas tardé à reprendre avec le marquis la conversation habituelle : celle qui les occupait uniquement et qui avait trait aux deux nièces du conseiller.

M. d'Herbois avait remarqué plusieurs fois des hésitations, des réticences, des mouvements singuliers chez son interlocuteur. On eut dit que celui-ci avait une confidence pénible à faire, et, qu'au moment décisif, il s'arrêtait et n'osait continuer.

Le vicomte pâlissait et rougissait tour à tour. Parfois il se levait et marchait dans la pièce, comme s'il eût cherché à faire circuler le sang qui envahissait sa poitrine et étouffait sa respiration. Le marquis avait remarqué tous ces symptômes; mais il les avait attribués à l'indisposition dont s'était plaint, la veille, le vicomte : indisposition que justifiait suffisamment la cruelle situation morale dans laquelle ils se trouvaient tous deux. Enfin, le vicomte, cédant à la violence des sentiments qui l'agitaient, avait formulé nettement le désir de ne pas supporter plus longtemps le malheur, et avait proposé la mort, comme le seul remède aux douleurs présentes.

Le marquis, étonné tout d'abord, avait combattu cette proposition insensée; mais aux dernières paroles prononcées par M. de Renneville, il s'était reculé, frappé par une crainte subite : celle que son ami ne fût attaqué d'un accès d'aliénation mentale. Aussi, se rapprochant du vicomte, il se plaça sur le lit :

— Henri, mon ami, lui dit-il d'une voix douce, que signifient les paroles que tu viens de me dire ? Pourquoi me demander un pardon dont tu n'as que faire ? pourquoi t'accuser de notre malheur commun ? Ne te laisse pas aller aux sombres pensées, qui peuvent envahir ton cerveau comme parfois elles assiègent le mien...

— Je ne me laisse entraîner nullement par un sentiment exagéré, comme tu parais le croire, interrompit M. de Renneville. Seulement je vois l'avenir plus sombre que tu ne peux l'envisager, par la raison bien simple qu'il est une circonstance que tu ignores et que je connais, moi, et que cette circonstance s'élève contre nous comme une preuve terrible, accablante, d'un crime que, cependant, nous n'avons pas commis.

— Je ne te comprends pas, dit M. d'Herbois avec un étonnement croissant ; car il sentait que son ami parlait fort censément et était parfaitement maître de lui-même. A quelle circonstance fais-tu allusion, et comment se fait-il que, depuis notre arrestation, depuis quatre jours, tu ne m'aies pas dit un mot de cette circonstance que tu prétends être si terrible pour nous?

— Parce qu'elle s'était complètement effacée de ma mémoire...

— Quoi ! une chose aussi sérieuse...

— Ne prolongeons pas cette explication, pénible pour moi, par des discussions inutiles, interrompit Henri avec une fébrile impatience. Mon seul tort est, en réalité, d'hésiter depuis hier soir à te confier ce qui est... J'avais peur que ton amitié pour moi ne se changeât en indifférence... peut-être en haine et en mépris... C'est là mon excuse.

— Que parles-tu de haine et de mépris! s'écria le marquis avec violence. Moi te haïr ! moi te mépriser ! Allons donc, Henri, tu perds la raison !

Le vicomte se tourna vers son ami qui s'était levé brusquement, et le prenant par les mains, le força à se rasseoir près de lui.

— Te rappelles-tu, Charles, dit-il sans répondre aux exclamations du marquis ; te rappelles-tu bien tous les événements de cette épouvantable nuit, durant laquelle, Dieu aurait dû nous faire trouver la mort?

— Tous les événements de cette nuit horrible sont gravés là ! répondit le marquis en se frappant le front.

— Tu n'en as oublié aucun?

— Aucun.

— Ainsi tu te souviens, qu'après avoir fouillé tour à

tour les chambres du premier étage de l'hôtel, après avoir trouvé morts, lâchement assassinés dans leurs appartements, M. et Mᵐᵉ de Nohan, nous nous élançâmes vers le second étage, alors que l'incendie éclatait dans sa plus terrible violence ?

— C'est-à-dire, Henri, que nous essayâmes de traverser les flammes, et que ce ne fût qu'après une lutte effroyable avec l'élément destructeur que nous parvînmes, à demi asphyxiés, à franchir les degrés du second étage...

— Je ne sais ce qui se passait alors en toi, Charles; mais moi, je sentais ma raison s'ébranler ; j'étais à demi fou de rage, de douleur. Il me semblait que nous ne sortirions jamais de cette fournaise ardente, et mon seul désir, mon unique espoir était de rejoindre Léonore et Blanche pour mourir près d'elles et avec elles.

— Je ne puis plus analyser maintenant ce que j'éprouvais, répondit le marquis. Seulement ce que je sais, c'est que mon désir, que mon espoir étaient les mêmes que les tiens...

— Ce fut alors, reprit le vicomte, qu'un pan de mur s'écroula près de nous et que tu tombas frappé par une poutre enflammée.

— Oui... je m'évanouis sous le choc, mais cet évanouissement fut court...

— Je ne sais, répondit le vicomte.

— Quoi ! tu m'as toi-même affirmé que cet évanouissement avait duré à peine l'espace de quelques secondes...

— Je le croyais, Charles, alors que je te l'affirmais, car, ainsi que je viens de te le dire, j'avais oublié...

— Oublié ! répéta le marquis, mais qu'est-ce donc ? qu'avais-tu oublié ?...

— Ce qui s'était passé pendant que tu étais évanoui... Je ne me le suis rappelé qu'hier, en présence du magistrat qui m'interrogeait et dont les paroles m'ont rendu le souvenir...

— Encore une fois, je ne te comprends pas !

— Eh bien, Charles, tu vas me comprendre ! dit le vicomte avec une énergie singulière. En te voyant tomber, je te crus mort... oh ! je me souviens parfaitement maintenant. Mon exaltation était alors à son comble... pendant quelques instants, je devins fou ! Je m'élançai dans les flammes sans savoir où j'allais... Croyant sans doute à de nouveaux périls qu'il me faudrait combattre, j'avais saisi le pistolet que Mahurec m'avait contraint à prendre, tu te rappelles ?

Le marquis fit un signe affirmatif.

— Cette arme à la main, continua M. de Renneville, je bondissais au milieu des décombres embrasés, comment parvins-je sur le seuil d'une chambre encore isolée du foyer de l'incendie, je ne puis le dire, mais ce que je sais, c'est que je pénétrai à l'intérieur... Là, encore, un affreux et sanglant spectacle s'offrit à mes yeux et redoubla l'accès furieux qui troublait mes facultés intellectuelles. Mme de Versac gisait là assassinée et deux enfants avaient été tués près d'elle... Je m'élançai vers les cadavres, je me penchai vers eux...: cherchant avec anxiété un indice d'existence, quand tout à coup... le pistolet que je tenais toujours, fit feu... soit que mon doigt eût pressé involontairement la détente, soit plutôt que l'ardeur des flammes qui commençaient à envahir la pièce eût allumé la poudre... J'étais près de l'un des enfants... oh ! il était mort déjà ! il était mort avant que je ne pénétrasse dans la chambre, Charles, je te l'affirme ! je te le jure sur mon honneur de gentilhomme! je te le jure sur ma foi de chrétien!...

— Oh! je te crois, Henri! je te crois! dit vivement le marquis en saisissant le bras de son ami.

— Il était mort, j'en suis certain, reprit le vicomte, car son cadavre n'a même pas tressailli. Mais ce coup de feu en frappant l'enfant m'avait atteint au cœur... j'étais là, immobile, fasciné, mon pistolet fumant encore à la main... Ce fut alors qu'un cri effrayant retentit derrière moi, qu'une main s'abattit sur mon épaule et que le mot : Assassin! frappa mon oreille. Je me retournai... M. de Niorres était devant moi... je voulus parler... mes lèvres se refusèrent à laisser passer un son. Il me repoussa violemment et s'élança hors de la pièce... Tu entrais dans l'appartement par une autre porte. Tu sais ce qui suivit cette scène horrible... M. de Niorres revint presque aussitôt avec le lieutenant de police et ceux qui l'accompagnaient... Je n'avais pu prononcer un seul mot. J'étais frappé de mutisme... On nous arrêta... Tu te souviens alors, sans doute? (quant à moi, je me rappelle vaguement), mais je tombai, je crois, sans connaissance.

— Oui, dit le marquis, tu fus en proie à une horrible attaque nerveuse, dont j'ignorais la cause principale, mais qu'expliquaient les circonstances affreuses dont tu ne fus délivré que le lendemain, lorsque l'on nous fit quitter la Bastille...

— En revenant à moi, continua le vicomte, j'avais tout oublié. Je ne me souvenais de rien depuis l'instant où je t'avais vu tomber... Ce fut toi qui m'appris que nous avions été arrêtés dans la chambre de Mme de Versac. Par suite de quel étrange phénomène, cet événement épouvantable s'était-il effacé de ma mémoire ? Je ne puis l'expliquer, mais je crois, je te le répète que je fus durant quelques instants le jouet d'un subit accès de folie furieuse. La douleur de savoir Blanche et Léonore en proie à un péril mortel et de ne pouvoir les sauver, ni même les rejoindre ; le désespoir que m'avait causé ta chute, car je te croyais tué, je te le répète, l'exaltation qu'avaient développée dans tout mon être les périls sans nombre que nous venions de traverser, jointe, sans doute, aux secousses matérielles produites sur mon organisation par l'extrême chaleur qui menaçait, à chaque instant, de nous faire suffoquer et qui faisait bondir tout le sang de mes artères vers le cerveau, avait déterminé une sorte de congestion qui devait me tuer et à laquelle je n'ai survécu que par un miracle... Lorsque je retrouvai le calme, il me sembla sortir d'un rêve long et douloureux. Mes idées étaient confuses... et ce ne fut qu'avec ton aide qu'elles se rétablirent peu à peu dans ma tête. Mais la scène, que je t'ai décrite, avait complètement disparu de mon esprit...

— Mais, dit M. d'Herbois, comment se fait-il que tu te sois souvenu hier soir ? Comment se fait-il qu'aucun des magistrats, qui nous ont interrogés ensemble, n'ait pas parlé de cette circonstance si grave cependant et qu'il nous importe si fort d'expliquer ?

— Il paraît, reprit le vicomte de Renneville après un moment de silence, que la déposition détaillée, faite contre nous par M. de Niorres, n'a eu lieu qu'hier matin. C'est à cette cause que j'attribue notre interrogatoire séparé d'hier soir. M. de Niorres a déclaré m'avoir surpris accomplissant le dernier et le plus infâme des forfaits : l'assassinat de son petit-fils ! Lorsque le magistrat qui m'interrogeait m'énonça cette accusation horrible, appuyée sur le dire d'un témoin oculaire, tout mon sang se glaça dans mes veines par suite de l'indignation que je ressentis. Ce qu'il me fallut de puissance pour accomplir l'effort à l'aide duquel je me contraignis, je ne puis te l'exprimer... et ce que j'ai souffert durant quelques secondes... Dieu seul le saura jamais ! Furieux, je voulus cette fois répondre à l'accusation, et je sommai le magistrat de me donner les preuves de ce crime sans nom dont on osait me souiller ! Oh ! continua le comte en changeant de ton, juge, Charles, de ce que mon cœur endura de tortures lorsqu'en écoutant la lecture de cette déposition précise et détaillée, je sentis se déchirer un voile qui obscurcissait mon cerveau !... La mémoire me revenait... je me rappelai tout... et lorsque le magistrat eut achevé, je demeurai foudroyé, anéanti, dans l'attitude enfin d'un véritable coupable !... Que pouvais-je ? comment combattre cette preuve écrasante ? Moi seul savais ce qui s'était passé, moi seul pouvais l'expliquer, et il était évident que l'on n'ajouterait pas foi à mes paroles. M. de Niorres m'avait surpris, et il devait croire, lui, à l'accomplissement du crime. Celui-là expliquait tous les autres...

— Pauvre ami ! dit M. d'Herbois en pressant Henri contre sa poitrine. Oh ! le destin nous est fatal !

— Nier était impossible, reprit le vicomte avec véhémence. Le fait déposé était vrai, et mon honneur ne pouvait le déclarer faux ! Ce que M. de Niorres ne savait pas, ce qu'il ne pouvait savoir, c'est que l'assassinat était accompli avant mon entrée dans la pièce !... Dis, maintenant, Charles ! Comprends-tu notre situation affreuse ? Comprends-tu qu'il est inutile que nous cherchions à lutter ? Dieu nous a abandonnés d'avance. Pourquoi attendre la justice des hommes, qui nous condamnera dans son erreur? Je te le répète, Charles, il faut mourir!... Voilà la cause de mes douleurs secrètes, voilà la cause de ma détermination de ne pas supporter plus longtemps un supplice ignominieux... Maintenant, me pardonnes-tu?...

M. d'Herbois ne répondit pas tout d'abord. Son front penché s'était couvert d'une sueur froide, et son œil demeurait sans regards. Le malheureux gentilhomme comprenait sans doute aussi, lui, que tout était perdu.

— Mais, dit-il tout à coup en redressant la tête, il est certain, il est évident, pour tout le monde, que les crimes commis ont dû être accomplis avant que l'incendie ne fût allumé, sans quoi l'une des malheureuses victimes eût au moins cherché à fuir. On eût appelé, et le plus profond silence a répondu seul à nos cris...

— Sans doute, répondit le vicomte.

— Eh bien! nous n'avons pénétré dans l'hôtel qu'aux premières lueurs de l'incendie...

— Nous pouvons l'affirmer; mais qui peut le prouver?

— Qui? Mahurec, qui nous accompagnait. Georges, le valet de l'hôtel, qui nous attendait avec la voiture.

Le vicomte secoua la tête.

— Qu'est devenu Mahurec? dit-il. Comment se fait-il que nous n'ayons pas entendu parler de lui?... Encore une déception, Charles!

— Tu croirais que Mahurec nous abandonnerait parce que le malheur nous frappe? s'écria le marquis. Tu serais injuste envers le matelot!

— Aucune voix ne s'est élevée en notre faveur. La sienne eût dû le faire. D'ailleurs, que Mahurec nous ait ou non abandonnés, qu'importe? Son témoignage serait rejeté par la justice; Mahurec n'est-il pas notre subordonné? L'affection, qu'il prétendait nous porter, n'était-elle pas connue au point de faire considérer Mahuree comme l'un de nos serviteurs?...

— Mais Georges?...

— Georges ne sait rien et ne peut rien dire!...

— Cependant, s'écria le marquis avec violence, il est impossible que l'on flétrisse deux hommes d'honneur, que l'on jette la boue sur l'uniforme de deux officiers du roi, que l'on déclare infâmes deux loyaux gentilshommes, et coupables deux innocents!...

— La justice en serait-elle à sa première erreur?

— Mais que conclus-tu donc, Henri?

— Je conclus, encore une fois, qu'il faut mourir, Charles!

— Déserter au moment du combat!

— Non! mais éviter la honte.

— Eh! ne nous suivra-t-elle pas jusque dans la tombe! Mourir, c'est nous avouer coupables!

— Mais l'on nous condamnera comme tels!

— Eh bien! je protesterai jusque sur l'échafaud! Que nos têtes roulent sous la hache du bourreau, mon dernier cri aura été une protestation d'innocence! D'ailleurs, et Blanche, et Léonore que tu oublies!

— C'est parce que je pense à elles que je veux mourir! Elles nous mépriseront!

— Nous mépriser! s'écria le marquis avec un geste violent.

En ce moment un bruit de pas retentit dans le corridor conduisant à la prison. Les deux gentilshommes se turent spontanément et se regardèrent avec anxiété, car la nuit était devenue complète durant l'entretien que nous venons de rapporter, et, à pareille heure, la porte des Chaînes ne s'ouvrait jamais. Cependant le

bruit métallique, que produit un trousseau de clefs remué avec fracas, arrivait distinctement jusqu'à eux. Bientôt après les verrous crièrent dans leurs gâches, et la serrure grinça sourdement. La porte s'ouvrit, et le geôlier parut sur le seuil, tenant respectueusement, à la main, son bonnet de laine.

— Que nous voulez-vous ? demanda brusquement le marquis.

— Vous prier de me suivre, Messieurs, répondit le geôlier.

— Où cela ? demanda le vicomte.

— A l'étage supérieur.

— Pour nous interroger ?

— Non, Messieurs.

— Pourquoi faire alors ?

— Parce que j'ai reçu ordre de vous faire changer d'habitation.

— Ah ! dit le marquis ; cette prison n'était peut-être pas assez laide !

— On veut nous séparer ! s'écria le vicomte avec inquiétude.

— Je puis vous affirmer le contraire, Messieurs, répondit le geôlier. Vous serez toujours ensemble, ainsi que vous l'avez demandé, et le nouvel appartement, auquel je vais vous conduire, vous sera moins désagréable que celui-ci. Il est beaucoup mieux installé.

Le marquis et le vicomte se regardèrent avec étonnement.

— Pourquoi ce changement que nous n'avons pas sollicité ? dit M. de Renneville.

Le geôlier fit signe qu'il ne pouvait répondre à cette question.

— Si ces Messieurs veulent bien me suivre, se contenta-t-il de répéter.

Le marquis et le vicomte se disposèrent à prendre leurs habits déposés sur une chaise.

— On viendra chercher tout cela, Messieurs, dit le geôlier avec empressement ; ne vous donnez pas cette peine.

Les deux jeunes gens échangèrent encore un regard de surprise à cette prévenance inattendue, et ils firent signe à leur interlocuteur qu'ils étaient prêts à le suivre. Le geôlier marcha devant les deux prisonniers éclairant, de la lanterne, qu'il tenait à la main, les sombres détours du corridor. On atteignit un escalier taillé dans l'épaisseur de la muraille, et les deux jeunes gens gravirent les marches à la suite de leur conducteur. A l'étage supérieur, un autre geôlier attendait à l'entrée d'un second corridor. Il prit la tête du petit cortège, et, arrivé en face d'une porte ouverte, il s'arrêta et s'effaça pour laisser passer le marquis et le vicomte.

La pièce, dans laquelle venaient de pénétrer les deux jeunes gens, était beaucoup plus vaste que celle qu'ils avaient abandonnée : une large fenêtre grillée donnait accès à un volume d'air bien plus considérable. Les meubles étaient beaucoup plus propres et infiniment plus confortables. Il y avait dans cette chambre une certaine recherche qui tendait évidemment à faire oublier la prison.

Le premier geôlier qui s'était absenté, après avoir remis les deux prisonniers à son camarade, rentra en cet instant. Il tenait à la main une petite lampe de cuivre qu'il déposa sur une table.

— On vous accorde une lumière, dit-il.

Puis comme les deux jeunes gens, mal revenus de leur surprise, le regardaient sans répondre :

— J'ai ordre, continua-t-il, d'introduire, près de ces messieurs, une personne qui vient de se présenter au Châtelet.

— Qui donc ? s'écrièrent à la fois les deux prisonniers.

— Je l'ignore, répondit le geôlier ; je ne fais qu'obéir aux ordres que l'on vient de me transmettre.

Charles et Henri se regardèrent encore.

— Qui cela peut-il être ? murmurèrent-ils.

Le geôlier avait quitté de nouveau la chambre. Son camarade veillait sur le seuil de la pièce. MM. d'Herbois et de Renneville attendaient avec une anxiété manifeste. Le corridor, au fond duquel était situé la porte de la nouvelle prison, s'étendait en ligne droite en face des deux jeunes gens. Leurs regards s'efforçaient de percer les ténèbres qui y régnaient. Tout à coup un point lumineux brilla à l'extrémité du corridor : la lueur d'une lanterne l'éclaira progressivement et le marquis et le vicomte purent distinguer vaguement une ombre se dessinant derrière le corps du geôlier.

VIII

LE VISITEUR

Le personnage, qui s'avançait, avait la démarche libre de la jeunesse, la tournure dégagée d'un homme de cour et le costume brillant d'un gentilhomme. Un chapeau rond à bords larges et plats, galonné d'or, dérobait une partie de son visage.

Le geôlier, s'effaçant le long de la muraille, laissant passer le visiteur en s'inclinant profondément devant lui, referma la porte dès qu'il fut entré, et il s'éloigna avec son camarade. La lueur douce, que répandait la petite lampe en éclairant faiblement la pièce, ne permettait pas aux deux prisonniers de distinguer nettement les traits du mystérieux personnage.

Charles et Henri attendaient donc en silence, ne comprenant évidemment rien à ce qui se passait.

Le visiteur ôta son chapeau et salua gracieusement en faisant quelques pas en avant. Les rayons de la lampe tombèrent alors en plein sur son visage ; le marquis et le vicomte tressaillirent.

— Vous me reconnaissez, Messieurs, dit le visiteur en souriant.

— N'est-ce point vous, Monsieur, qui avez assisté à notre interrogatoire hier matin ? demanda le marquis.

— Moi-même.

— Alors vous êtes le comte de Sommes ?

— Tout disposé à vous servir et trop heureux s'il peut réussir à vous être agréable.

Et le comte de Sommes, car c'était lui en effet, s'inclina de nouveau. M. de Renneville lui présenta un siège. Tous trois s'installèrent autour de la petite table, et un profond silence régna tout d'abord.

— Messieurs, commença le comte en devinant ce qui se passait dans l'esprit des deux prisonniers, vous ne comprenez rien à ma démarche, n'est-il pas vrai ? Je n'ai pas l'honneur d'être connu de vous. Vous m'avez aperçu hier matin, durant quelques instants et dans une situation si pénible pour vous, que ma présence devait être une douleur de plus. Quoique je vous aie, en peu de mots, expliqué cette présence par toute la sympathie que vous m'inspiriez, je vous supplie, encore à cette heure, de me pardonner ce qui, dans ma conduite, a pu vous être désagréable. Enfin, mon nom qui vous est à peu près étranger, ne vous dit pas davantage ce que je suis et surtout ce que je voudrais être. En vous expliquant rapidement le motif de la démarche que je fais ce soir, vous comprendrez tout.

Charles et Henri ne répondirent pas, mais s'inclinèrent en signe qu'ils étaient prêts à écouter. Le comte prit deux lettres dans la poche de sa veste et tendit l'une au marquis, l'autre au vicomte.

— Monsieur le marquis, dit-il, Mlle Blanche a bien voulu me charger de vous remettre ce billet, et Mlle Léonore m'a donné celui-ci pour M. de Renneville.

Les deux jeunes gens étouffèrent un même cri de surprise et de joie, et saisirent les deux lettres d'une main frémissante. Tous deux rompirent brusquement les cachets, tous deux parcoururent avidement les quelques lignes que contenait chaque lettre, et, avec un même mouvement, ils se retournèrent vers le visiteur.

— C'est vous, Monsieur, qui, durant cette nuit fatale, avez sauvé la vie à Blanche? s'écria le marquis.

— Et à Léonore? ajouta le vicomte.

— Le ciel m'a effectivement permis d'avoir ce bonheur d'être utile à ces charmantes jeunes filles, répondit modestement le comte. Mais, je vous en conjure, laissons de côté des remerciements que je ne mérite pas, car j'ai fait, pour elles, ce que j'aurais fait pour toutes autres. J'ignorais qui était en péril alors que j'ai tenté d'arracher aux flammes les victimes qu'elles voulaient dévorer. D'ailleurs, je ne vous ai pas remis ces lettres pour provoquer l'expansion de votre reconnaissance ; elles devaient me servir d'introduction auprès de vous, voilà tout.

— Oh! Monsieur, dit le marquis, que ne vous devons-nous pas.

— Sans vous, ajouta le vicomte, sans votre généreux dévouement, le malheur qui nous a frappés serait irréparable.

— Et il ne l'est pas, Messieurs, dit vivement le comte, voilà précisément le motif de ma visite inattendue. Ce malheur, qui s'appesantit sur vos têtes, il faut le conjurer. Je ne suis venu ici que pour vous prêter mon aide, que pour vous aider à échapper au péril qui vous menace.

— Comment? demanda M. d'Herbois.

— Messieurs, continua le comte, avant de vous parler plus confidentiellement, il faut que je vous dise la part que j'ai prise aux événements qui se sont passés.

J'étais avec M. Lenoir, le duc de Lauzun et le marquis Camparini alors que M. de Niorres a porté contre vous la terrible accusation...

— Ah ! interrompirent les deux jeunes gens en redressant la tête.

— Vous n'avez pu remarquer ma présence au milieu du trouble si naturel qui s'était emparé de vous, mais je vous ai vus, moi, Messieurs, et mon premier cri a été en votre faveur. Ils ne sont pas coupables ! ai-je dit à Lauzun. Ne me remerciez pas de cette pensée, Messieurs : j'agissais suivant ma conscience ! Non ! deux hommes de naissance, deux nobles officiers de la marine royale, deux amis du bailli de Suffren ne pouvaient pas être coupables d'une série de forfaits aussi odieux, aussi épouvantables ! Douter un seul instant eût été une insulte pour les noms que vous portez !

En entendant ces paroles si consolantes dans la situation où ils se trouvaient, les deux jeunes gens se levèrent, mus par un même sentiment, et ils tendirent la main au comte de Sommes.

— Merci, Monsieur, dit le marquis d'une voix grave. Nous sommes, en effet, dignes de toute votre sympathie.

— Ma conviction, qui cependant ne se basait sur aucun fait matériel, quand toutes les preuves paraissaient s'amasser contre vous, poursuivit le comte, ne me fit pas défaut un seul moment. Je vis Mlles de Niorres : leur désespoir était effrayant. Je cherchai à leur donner du courage, à faire briller, devant leurs yeux noyés de larmes, une lueur d'espérance consolatrice. Le service que j'avais pu leur rendre les avait disposées à m'accorder la confiance que je sollicitais. En m'écoutant, elles se calmèrent et elles m'apprirent que votre présence dans les jardins de l'hôtel de Niorres, durant cette nuit terrible, n'avait d'autre cause que la promesse qu'elles vous avaient faites toutes deux d'un rendez-vous dans ce même jardin.

— Mais, s'écria le vicomte, elles ne sont pas venues ! Qui donc les a retenues ?

— Une ruse infâme, Messieurs !

— Une ruse ! répéta le marquis, employée par qui ?

— Par vos ennemis.

— Mais nos ennemis, qui donc sont-ils ?

— Ceux qui ont intérêt à empêcher les mariages arrêtés, ceux enfin qui ont probablement commis les crimes dont aujourd'hui on vous accuse !

— Mon Dieu ! dit M. de Ronneville, de quel dédale d'infamies sommes-nous donc enveloppés ?

— Mais cette ruse, reprit le marquis avec une vivacité extrême, quelle était-elle ? Quel moyen a-t-on pu employer pour empêcher Mlles de Niorres de tenir la promesse qu'elles nous avaient faite ?

— Un moyen très simple, bien usé, mais qui réussit cependant toujours : la calomnie !

— La calomnie ! répéta le vicomte.

— Oui ! la calomnie dont Beaumarchais vient de tracer un si hideux portrait.

Et le comte de Sommes, entrant aussitôt en matière, raconta minutieusement une partie de la scène qui avait eu lieu entre lui et les deux jeunes filles, seulement il la présenta sous un aspect complètement différent. Selon lui, la confidence, loin d'être provoquée par ses soins, avait été faite presque spontanément par Blanche.

Charles et Henri l'écoutaient avec une attention profonde. En entendant cet homme, qu'ils ne connaissaient pas, en le voyant s'immiscer dans leurs pensées les plus intimes, prendre une part active à ce qui leur arrivait, et paraissant leur apporter les preuves d'une affection sincère et d'un dévouement généreux à leur cause, il leur semblait que M. de Sommes était pour eux un vieil ami.

Si le comte n'avait d'autre but que celui de capter la confiance des deux jeunes gens, il pouvait être assuré du succès. Lorsqu'il parla des lettres de la Guimard et de celles de la Duthé, le marquis et le vicomte firent, en même temps, un geste d'étonnement et d'indignation, mais le comte, poursuivant rapidement son récit, ne leur permit pas de l'interrompre. Il dit, en altérant la vérité dans les détails, qu'un hasard étrange avait fait qu'il fût en ce moment dans les bonnes grâces de la célèbre danseuse, tandis que son ami le duc de Lauzun passait pour avoir inspiré, depuis quelques jours à Mlle Duthé, une passion complètement en dehors de ses habitudes. Ce même hasard, toujours favorable, avait permis que le comte fût porteur, à l'heure où il parlait aux deux jeunes filles, de plusieurs lettres d'une date récente et dont les expressions détruisaient toute pensée d'autres amours.

Ces lettres, il n'avait pas hésité à les mettre sous les yeux de Blanche et de Léonore, et sa parole persuasive aidant, il était venu à bout de détruire, absolument, les effets de cette calomnie si habilement préparée. Mlles de Nicrres avaient rendu toute leur affection aux deux marins.

Comme on le voit, le comte arrivait bien à la même péroraison que celle qui était conforme à la vérité, mais pour atteindre ce résultat, il avait pris un chemin passablement détourné. Au moment où il achevait de donner cette explication si intéressante pour ses interlocuteurs, ceux-ci se levèrent à la fois et saisirent chacune des mains de M. de Sommes, qu'ils pressèrent avec un sentiment de gratitude évidente.

— Monsieur, dit le marquis d'Herbois d'une voix profondément émue, je ne sais comment vous exprimer toute notre reconnaissance ! Vous, que nous connaissons à peine, avoir daigné agir envers nous comme ne l'eût pas fait peut-être un ami de dix ans!

— Vous êtes le seul qui ayez tendu vers nous une main secourable et consolatrice ! ajouta le vicomte. Que pourrons-nous faire jamais pour acquitter une dette comme celle que nous contractons aujourd'hui envers vous?

— Me croire votre ami le plus sincère, dit le comte de Sommes, et me permettre de consacrer mes efforts, mon bras, ma tête et mes influences à faire triompher la cause de l'innocence et celle de la vérité. C'est une tâche que je me suis imposée, Messieurs, et qu'il faut que je remplisse !

Un léger silence suivit cet échange de protestations amicales.

— Vous comprenez, reprit le comte en faisant un effort visible pour contenir l'émotion vraie ou fausse qui l'agitait, vous comprenez que ma conversation avec Mlles de Niorres me démontra que j'avais pensé noblement, en rejetant loin de vous tout soupçon accusateur. Dès lors, je n'eus plus qu'un but : celui de tout faire pour mettre au jour votre innocence. J'ai l'honneur, Messieurs, d'être nommé par S. A. le duc de Chartres, son plus intime ami. Cette affection de monseigneur me donne une influence puissante sur les événements et sur les hommes, et cette influence, je l'utilisai aussitôt pour commencer l'œuvre que j'allais entreprendre. J'obtins, du lieutenant de police, l'autorisation d'assister à vos interrogatoires ; c'est ce qui vous explique ma présence auprès du magistrat chargé d'instruire votre procès. Je voulais (je l'espérais du moins) trouver dans vos réponses les preuves matérielles que je cherchais activement. Malheureusement, vous refusâtes d'entrer en aucune explication, et, bien que votre contenance déjouât mes projets, je ne pus m'empêcher de l'admirer ; et votre calme froid et méprisant, en écartant les demandes du juge, me convainquit plus encore que l'intérêt sympathique que vous m'inspiriez était fondé. Je fus mis à même de lire les dépositions des témoins. Plusieurs sont accablantes : celle de M. de Niorres entre autres. Cet homme a juré votre perte, et il ne recule devant aucune infamie pour l'accomplir...

— M. de Niorres ! s'écria le marquis. Croyez-vous donc qu'il nous accuse contre sa conscience ?

— Je le crois, dit nettement le comte.

— Impossible ! fit M. de Renneville. M. de Niorres a bien des torts envers nous, mais son cœur est honnête !

— Il s'est opposé tout d'abord, et sans aucuns motifs, aux mariages arrêtés entre vous et ses nièces, reprit froidement le comte de Sommes. Il a formellement refusé de vous recevoir dans son hôtel, il s'est constamment conduit, vis-à-vis de vous, comme un homme vous haïssant profondément.

— Cela est vrai ! balbutia Henri.

— C'est lui qui a remis à Blanche et à Léonore, ou du moins qui leur a fait remettre, cette correspondance surprise, et dont il espérait un effet favorable selon ses désirs.

— Il aurait fait cela ! s'écria le marquis.

— M. Lenoir m'a déclaré lui avoir donné connaissance de ces épîtres, et même lui en avoir remis quelques-unes en main propre.

— Le lieutenant de police vous a dit cela ?

— Je vous le jure sur mon honneur !

— Un tel homme employer une telle ruse !

— Et qui donc eût pu l'employer si ce n'est lui ?

— C'est vrai ! c'est vrai ! dit le vicomte.

— Avant la nuit fatale, il vous avait accusés déjà tous deux des crimes commis dans sa famille !

— Lui ! s'écrièrent les deux jeunes gens.

— M. Lenoir me l'a affirmé !

— Quoi ! dit le marquis en frémissant d'indignation, on avait osé nous soupçonner...

— Il disait, continua le comte, que Blanche et Léonore, devant être unies avec vous, vous seuls aviez intérêt à appeler sur leur tête toute la fortune de la famille !

— Horrible ! horrible ! dit Henri avec une expression de colère effrayante.

— Je vous déchire le cœur, fit le comte avec un accent de regret ; mais il le faut ! Je dois éclairer complètement la route à suivre. Oui, M. de Niorres vous accusait déjà avant cette nuit de crimes, et la déposition qu'il a faite n'est que le résultat d'une odieuse machination.

— Cela n'est pas ! cela ne saurait être ! dit M. d'Herbois avec emportement.

— Cela est, Messieurs !

— Mais pourquoi ? Dans quel but nous charger ainsi, nous innocents ?

— Pour enfouir à jamais dans vos tombes un secret

dont un hasard vous a fait maîtres ! dit le comte en baissant la voix.

Les deux jeunes gens se regardèrent avec stupéfaction.

— Un secret ! répétèrent-ils.

— Rappelez-vous la Madone de Brest !

— La Madone ! dit le marquis.

— La Madone ! répéta le vicomte.

— La Madone qui vous a fait sa confession à son lit de mort.

Les deux prisonniers demeurèrent foudroyés. Ils croyaient ce secret, de la vie passée du conseiller, connu d'eux seuls et de M. de Niorres.

— La Madone ! répétèrent-ils encore en courbant la tête.

— Vous me demandez comment je puis avoir connaissance de cette histoire ? reprit le comte. Peu importe, je sais tout, cela est l'essentiel. Comprenez-vous, maintenant, la conduite de M. de Niorres ?

— Les preuves que M. de Niorres nous avait accusés déjà ? demanda le marquis.

— Vous aurez ces preuves en entendant la lecture de votre acte d'accusation. D'ailleurs, pourquoi vous dirais-je cela si je n'en étais pas convaincu ? Dans quel but agirais-je ?

— Ainsi, reprit le vicomte, qui, depuis quelques instants, semblait plongé dans les plus amères réflexions ; ainsi, parce que nous sommes pauvres, on nous accuse d'avoir voulu nous enrichir en commettant des crimes infâmes ?

— M. de Niorres a fait plus, ajouta le comte d'une voix incisive, il a répandu le bruit que vous ne pouviez échapper aux embarras que vous causaient des dettes énormes qu'en contractant de riches mariages; et il prétend que, la veille du jour où l'incendie était allumé dans son hôtel, vous empruntiez à un juif usurier en escomptant vos prochaines unions avec ses nièces !

En entendant cette dernière phrase, Henri et Charles étouffèrent un cri prêt à jaillir de leur gorge aride. Ils se rappelaient l'emprunt contracté par l'entremise de Roger, et ils voyaient cet acte se dresser encore devant eux comme une accusation nouvelle. Sans doute le comte jugea que le désespoir et la rage avaient atteint leur paroxysme dans le cœur de ses interlocuteurs ; car, changeant de ton brusquement.

— Cet homme veut votre perte, dit-il d'une voix plus douce, et c'est contre lui seul qu'il faut lutter.

— Et Mme de Niorres, que dit-elle ? demanda le marquis d'une voix brisée.

— Mme de Niorres a été convaincue par son beau-frère ; j'ai le douloureux regret de vous l'apprendre. Elle partage, à cette heure, sa manière de voir, et cela au point que ses filles n'ont pas osé prendre la parole en votre faveur, et ont reculé devant l'aveu qu'elles voulaient faire du rendez-vous qu'elles vous avaient accordé, rendez-vous qui explique si bien votre présence dans le jardin de l'hôtel la nuit où se sont accomplis les sinistres événements. Mlle Blanche était certaine, m'a-t-elle dit, que si sa mère et son oncle connaissaient ce détail, elles seraient toutes deux enfermées au fond d'un cloître !

— Oh ! s'écria le marquis en serrant les mains du vicomte, tu avais raison, Charles ! Il ne faut rien dire. Que le destin fatal s'appesantisse sur nous seuls !

Le comte entendit ces paroles : mais il ne demanda aucune explication.

— Mais, reprit M. de Renneville en regardant fixement le comte, dans quel but, Monsieur, êtes-vous venu nous apprendre toutes ces horribles choses?

— Dans le but de vous sauver! répondit le comte.

— Nous sauver? Comment?

— Ecoutez-moi, Messieurs, dit M. de Sommes en se rapprochant de ses deux interlocuteurs. Je suis convaincu de votre innocence, c'est pourquoi je suis venu à vous, je vous le répète; mais cette conviction, qui m'est toute personnelle, n'est pas encore entrée dans l'esprit de vos juges. S'y fera-t-elle jour? je l'espère; mais cependant je n'oserais l'affirmer, car la déposition de M. de Niorres est précise et accablante, et sa situation de conseiller au parlement lui donne, sur la cour criminelle, une influence énorme. Ce procès qui s'entame durera de longs mois, et la prison est un horrible séjour pour deux gentilshommes. Puis, quelle que soit l'issue, elle sera toujours fatale pour votre avenir. Vos noms seront jetés en pâture à la curiosité publique, et le peuple, que l'on excite chaque jour contre la noblesse, sera heureux de frapper, en vous, deux de ses membres...

— Où voulez-vous en venir? interrompit brusquement le marquis d'Herbois.

— J'ai pu, grâce à mon influence, continua le comte, obtenir pour vous un changement de prison. Le geôlier qui est chargé de votre garde est un homme auquel j'ai rendu jadis de grands services, et qui m'est absolument dévoué. Deux principaux employés du Châtelet ont été achetés, par moi, au poids de l'or. Enfin, tous les préparatifs sont à peu près achevés, et dès demain, votre fuite de cette affreuse demeure peut s'opérer avec des chances assurées de plein succès...

— Fuir ! s'écria le marquis.

— Nous avouer coupables ! dit le vicomte.

— Qu'importe, puisque vous ne l'êtes pas.

— Non ! non ! dit M. d'Herbois avec violence.

— Une fois échappés aux mains de la justice, reprit le comte, l'affaire s'étouffera d'elle-même. Des relais assurés d'avance vous conduiront rapidement au Hâvre... Là, un navire en partance vous recevra à son bord...

— Assez, Monsieur, dit le marquis en se levant avec un geste rempli de noblesse. Je vous remercie bien vivement, en mon nom et en celui du vicomte de Renneville, de l'intérêt bienveillant que vous nous témoignez mais les propositions que vous nous faites sont inacceptables. Fuir de cette prison serait déverser volontairement sur nous l'horreur d'une culpabilité que nous prétendons repousser avec toute l'énergie que Dieu nous a donnée.

— Nous pouvons mourir, ajouta M. de Renneville ; mais fuir serait une action lâche et basse.

— Cependant vous êtes innocents, reprit le comte de Sommes avec une insistance plus pressante, et peut-être vous déclarera-t-on coupables ! En fuyant, vous gagnez un temps précieux, une liberté d'action qui pourra vous permettre de rechercher les preuves dont vous avez besoin pour prouver notre innocence. Ces preuves acquises, vous reviendrez alors...

— Mais, interrompit le marquis, durant ce temps dont vous parlez, nous saurons que des milliers de bouches flétrissent notre réputation ! Plutôt que de souffrir un pareil martyre, il vaudrait mieux la mort !

— Oui, la mort ! dit le vicomte avec une sombre expression. La calomnie se taira peut-être en présence de nos cadavres.

— Ainsi vous refusez mes offres? reprit le comte de Sommes après quelques instants de silence. Ainsi, vous rejetez l'emploi des moyens assurés que je vous propose?

— Nous refusons! dirent en même temps, et avec un même accent de résolution, le marquis et le vicomte.

Le comte de Sommes leva sur ses deux interlocuteurs un regard perçant.

— Messieurs, dit-il d'une voix grave, les paroles que je viens d'entendre me confirment encore dans la résolution que j'avais prise déjà de consacrer toute ma volonté, tous mes soins, toutes mes forces à faire triompher votre cause. Messieurs, je vous admire, et quelque douleur que j'éprouve en voyant repousser mes services, je ne puis que sentir augmenter l'intérêt profondément sympathique que vous m'avez inspiré.

Et le comte s'inclina en tendant aux deux jeunes gens ses mains ouvertes. Le marquis et le vicomte le remercièrent, par un salut, des paroles qu'il venait de prononcer.

En ce moment, un bruit de clefs retentit au dehors.

— Le geôlier vient m'avertir qu'il est temps que je quitte le Châtelet, dit le comte. Je puis user de la permission que m'a fait obtenir son Altesse de vous visiter souvent ; mais l'usage de cette permission est subordonné à votre volonté...

— Oh! venez! venez souvent, Monsieur! s'écria le marquis. L'intérêt que vous nous témoignez est une consolation précieuse dans notre malheur.

— Je verrai Mlles de Niorres, ajouta le comte. Près

d'elles, je parlerai de vous : près de vous, nous parlerons d'elles !

— Ah ! dit M. de Renneville, vous êtes le meilleur des hommes, et jamais nous n'oublierons ce que vous aurez fait pour nous.

— Demain, j'irai à l'hôtel de Niorres, et je dirai à celles que vous aimez que vous êtes plus que jamais dignes de tout leur amour !

— Dites aussi à Blanche et à Léonore que nous mourrons plutôt que de compromettre leur honneur ! ajouta vivement le marquis.

— Et dites à M. de Niorres, fit le vicomte en relevant sa tête intelligente, dites-lui, si ce que vous nous avez appris est vrai, si vous ne vous êtes pas trompé dans vos conjectures, que sa conduite infâme ne nous inspire que dégoût et mépris !

Le geôlier faisait crier les verrous de la porte de la nouvelle prison. Les trois jeunes gens échangèrent un dernier adieu, et le comte de Sommes s'élança dans le corridor.

A peine la porte se fut-elle refermée sur lui que le marquis et le vicomte se tournèrent l'un vers l'autre et se regardèrent lentement avec un accablement profond.

— Si ce que nous a révélé cet homme est vrai, dit le marquis, tu avais raison, Henri, nous sommes perdus, et rien ne peut nous sauver !

— Lutter est impossible ! répondit le vicomte. La mort est le seul remède aux maux qui nous accablent, et puisque nous devons avoir recours à elle, mieux vaut que nous l'appelions plus tôt que plus tard !

Le marquis saisit son ami entre ses bras et l'étreignit contre sa poitrine.

— Oh ! fit-il avec un accent déchirant, l'avenir me paraissait si beau !

Et tous deux, accablés par le désespoir qui brisait leur âme, demeurèrent immobiles dans les bras l'un de l'autre.

Le comte de Sommes, après avoir quitté la prison, avait traversé, précédé par le geôlier, le corridor conduisant à l'escalier de pierres. Il descendit les marches sans prononcer une seule parole, et bientôt il atteignit une voûte, basse et ténébreuse, donnant accès sur la cour intérieure du Châtelet. Une grille massive fermait l'entrée de cette voûte. Le geôlier se baissa pour faire jouer la serrure dans sa gâche. Profitant de ce mouvement, le comte fouilla prestement dans sa poche et y prit une bourse bien garnie qu'il glissa entre les mains de son conducteur.

— Son Altesse s'occupera de toi, dit-il. Je te recommande, moi, les deux prisonniers ; ne leur refuse rien de ce qu'ils te demanderaient... même lorsque leurs demandes te paraîtraient étranges... Tu comprends ?

Le geôlier cligna de l'œil et fit un signe d'intelligence.

— L'un des porte-clefs de la Bastille a été destitué parce que son prisonnier s'était coupé la gorge avec un rasoir qu'il lui avait procuré, dit-il.

— Ce porte-clefs-là n'était pas dans les bonnes grâces de monseigneur le duc de Chartres, répondit le comte en se glissant hors de la grille, et moi, je te promets la protection de son Altesse.

Et, sans attendre une réponse, sans se retourner même, le comte de Sommes traversa rapidement la cour du Châtelet pour gagner l'entrée principale.

— Au Vauxhall et brûle le pavé ! dit-il à son cocher, en s'élançant dans la voiture qui l'attendait à la porte du Châtelet.

Il était neuf heures du soir, lorsque l'élégant équipage atteignit le boulevard du Temple. Le comte tira le cordon de soie communiquant avec le siège, avant d'arriver à la porte de l'établissement public. Un valet de pied s'élança à terre et vint ouvrir la portière et abaisser le marchepied.

— Faut-il suivre monsieur le comte ? demanda le valet après avoir aidé son maître à descendre.

— Non, répondit le jeune homme. Que la voiture m'attende à l'entrée de la rue du Temple, et si, à minuit, je ne suis pas revenu, rentrez à l'hôtel.

Le valet de pied s'inclina et le comte de Sommes, secouant son jabot en point d'Alençon et détirant les dentelles de ses manchettes, se dirigea vers l'établissement de l'artificier Torré.

IX

LE FEU D'ARTIFICE

Les abords du Vauxhall étaient encombrés d'une foule curieuse attendant l'heure, afin de jouir gratis du spectacle du feu d'artifice que l'on allait tirer. A l'intérieur, le jardin offrait le coup d'œil d'une mer agitée, tant ces flots de têtes poudrées ondulant dans tous les sens, ressemblaient de loin à des vagues moutonneuses.

Le comte, sans se laisser entraîner par le courant et suivre la masse des promeneurs qui se rapprochaient des charpentes dressées à l'extrémité du jardin, se glissa à droite le long du mur du café et atteignit, assez rapidement, un bouquet d'arbres magnifiques, dont l'ombrage touffu et épais s'étendait par-dessus la toiture du petit bâtiment. Cet endroit était presque désert car le feuillage s'interposant entre le pied des arbres et l'horizon, dérobait entièrement le coup d'œil du feu que l'on allait tirer.

Un seul promeneur, faisant fi du spectacle qui appelait la foule, se tenait dans ce lieu écarté. C'était un homme de grande taille, et portant une sorte d'uniforme militaire. Sans doute le comte de Sommes le reconnut en dépit de l'obscurité profonde qui régnait dans cette partie des jardins, car il se dirigea, sans hésiter, droit vers lui.

Le personnage s'était retourné en entendant marcher, et, en apercevant celui qui s'avançait dans sa direction, il s'arrêta et attendit.

— Ah! fit-il d'une voix sifflante. C'est toi, Bamboulà! Tu viens bien tard.

— Je suis resté plus longtemps que je ne le croyais au Châtelet! répondit le comte.

— Tu as vu les oiseaux?

— Oui.

— Ils sont englués?

— Plus que jamais!

— Bon! compte-moi cela!

— J'ai agi ainsi qu'il avait été convenu.

— Les lettres?...

— Ont fait un effet superbe. Ç'a été la reproduction de la scène avec les petites.

— Et ils ne diront rien?

— Du rendez-vous? Pardieu! Tu penses! Deux paladins de cette trempe! Plutôt que de se justifier en compromettant les objets de leur culte, ils se laisseront couper le cou comme deux pauvres poulets.

— Très joli! Tu ne comprends pas cela, toi, Bamboulà?

— Non! je l'avoue.

— Cela ne m'étonne pas! après? tu as parlé du conseiller?

— Naturellement.

— Et l'affaire de la Madone?

— Cela les a convaincus, car ils doutaient!

— J'en étais sûr! dit l'interlocuteur du comte.

— J'ai proposé la fuite: ils ont refusé. Tu avais deviné juste.

— N'importe ! Tu as fait faire bien ostensiblement les préparatifs ? Tu t'es compromis bien ouvertement ?

— J'ai agi comme un niais qui aurait les meilleures intentions du monde.

— Bravo ! Il faut que tout Paris sache que le comte de Sommes s'intéressait tellement aux accusés qu'il a tout fait pour mener à bonne fin leur évasion. Cela nous servira plus tard, si, par un hasard que je ne puis prévoir, on nous adresserait quelques objections. Enfin, le résultat de ta visite ?

— C'est qu'ils sont convaincus de mon amitié pour eux et en proie au plus violent désespoir.

— Il est évident que s'ils se tuaient, cela avancerait infiniment les choses et simplifierait diantrement la situation.

— Ils se tueront ! dit le comte.

— Tu crois ?

— J'en suis presque certain.

Et le comte de Sommes se mit à raconter dans ses moindres détails, l'entretien qu'il venait d'avoir avec le marquis d'Herbois et le vicomte de Renneville. Il n'oublia rien : pas même la singulière recommandation qu'il avait faite au geôlier des deux prisonniers. Son interlocuteur l'écoutait attentivement en laissant échapper de temps à autre des murmures approbatifs. Quand le comte eut achevé :

— Très bien, dit le mystérieux personnage. Parfaitement compris ! parfaitement joué ! Bamboulà, je suis content de toi ! Tu feras honneur à ton père et la royauté du bagne ne tombera pas en quenouille ! Tu as raison ! Ces deux nigauds se tueront !

Et il fit claquer ses doigts avec un geste trivial, en signe de joyeux contentement.

— Résumons ! dit-il d'une voix brève. Tu as l'oreille du conseiller, la confiance de deux jeunes filles et la reconnaissance des marins. Tu élèves une barrière infranchissable contre toute insinuation perfide de l'avenir, en faisant tous les efforts pour sauver les coupables. Aucune entrevue ne peut avoir lieu entre les demoiselles et les officiers, donc champ libre des deux côtés, sans crainte d'une explication. Ce que tu as dit au marquis et au vicomte a dû, en effet, augmenter considérablement leurs douleurs et les désespérer complétement. Accusés antérieurement par le conseiller, eux que l'opinion publique désignait pour avoir voulu acquérir la fortune, par leurs mariages avec Mlles de Niorres ; tout, jusqu'à cet emprunt contracté la veille de l'arrestation et à propos duquel ils escomptaient l'avenir, a dû les convaincre qu'ils ne pouvaient échapper à l'accusation qui pèse sur eux. Donc, tout espoir leur est enlevé ! Lorsque demain ils apprendront par l'organe des juges, que Georges a fait des aveux écrasants pour eux, ils seront tellement stupéfiés qu'ils n'essayeront même pas de se défendre. D'ailleurs, l'essayassent-ils que je les défie de réussir. Ce sera le dernier coup : ils ne s'en relèveront pas ! Georges a joué son rôle avec une merveilleuse adresse ! Il sera royalement récompensé. Le drôle a fait preuve d'un aplomb miraculeux. De deux choses l'une : ou les marins ne chercheront plus à lutter et ils se tueront, c'est ce qui est le plus probable et le plus à désirer, ou ils tenteront de résister au destin. Alors les accusations se dressent de tous côtés devant eux et les entourent d'un cercle infranchissable. Quoi qu'ils fassent, ils sont perdus, car même s'ils acceptaient plus tard la proposition de fuite, ils n'en seraient que plus promptement reconnus coupables ! Tout marche à souhait, mon fils, et je t'avais bien dit que mon plan était infaillible !

Et le roi du bagne se redressant de toute la hauteur de sa taille gigantesque, jeta autour de lui un regard dominateur.

— Maintenant, reprit-il, il faut que je parte !

— Tu pars ? répéta le comte sans pouvoir retenir un tressaillement joyeux.

— Oui. Je quitte Paris cette nuit...

— Et tu vas ?

— Sur la route de Saint-Nazaire.

— Tu as reçu des nouvelles ?

— Mauvaises !

— Comment ?

— Roquefort s'est laissé jouer par Fouché.

— Mais alors la marquise serait perdue.

— Brrr ! fit le roi du bagne en haussant les épaules, je n'abandonne pas encore la partie de ce côté ! Je serai à Saint-Nazaire avant eux.

— Mais s'ils arrivent jusqu'à Saint-Nazaire, ils verront l'enfant !

— Eh bien !

— Ils reconnaîtront la fille du teinturier.

Le roi du bagne fit entendre un sifflement railleur :

— Ils ne reconnaîtront rien du tout ! dit-il. J'ai tout prévu !

En ce moment une fusée lumineuse s'élança en frémissant vers le ciel, et la foule entière poussa une immense clameur joyeuse. Le feu d'artifice commençait.

Le café et la salle de danse se vidèrent spontanément et complètement, les buveurs et les danseurs, accompagnant les danseuses et les buveuses, se précipitaient dans le jardin, devenu insuffisant par l'envahissement de la masse des curieux, pressés, serrés, et grimpés sur toutes les chaises, les tables, les arbres et beaucoup de femmes hissées sur les épaules des hommes.

Le comte de Sommes et son compagnon avaient suivi de l'œil, un de ces flots multicolores qui se ruaient vers un même point. Le père et le fils semblaient profondément préoccupés par une pensée que chacun d'eux paraissait peu désireux de confier à l'autre. De sombres éclairs brillaient rapidement dans les yeux du roi du bagne et illuminaient son impassible physionomie.

— Ton absence sera-t-elle longue ? demanda enfin le comte en rompant le silence qui régnait entre lui et son père.

— Je l'ignore, répondit le terrible personnage. Cela dépendra des événements. Peut-être huit jours, peut-être davantage.

— Ainsi, Roquefort a échoué ?

— Roquefort, Jonas et Rubis se sont laissés enlever comme trois niais.

— Et Jacquet ?

— Je ne sais ce qu'il est devenu.

— Mais enfin que vas-tu faire là-bas ?

— Tu n'as pas besoin de le savoir ; ce qui se passe à Paris doit te suffire. Songe à mener à bien l'affaire des Niorres, et qu'à mon retour je trouve la place nette !

— Rapporte-t'en à moi ! fit le comte en souriant.

Le roi du bagne posa sa main sur l'épaule du comte de Sommes, et le contraignant à supporter l'éclat de ses regards :

— Je t'ai prouvé jusqu'ici que mon plan avait été tracé de main de maître, dit-il, et que j'avais su tout prévoir et tout deviner. Eh bien ! ce plan, il faut le suivre sans s'en écarter d'une seule ligne : le succès est au bout ! Ce qu'il nous faut, c'est l'extinction complète de tous les héritiers de M. de Niorres ; cette extinction doit être accomplie en moins de huit jours maintenant et de la façon la plus naturelle. Il est impossible, entends-tu, moralement impossible que le marquis d'Herbois et le vicomte de Renneville n'aient pas recours au suicide comme seule issue à leur situation. Il faut qu'ils aient cette pensée : au besoin, tu la leur ferais naître. Il faut qu'ils se tuent : au besoin on saurait les y aider. Eux morts, Blanche et Léonore ne pourront supporter la vie, et personne ne s'étonnera de leur trépas rapide ! Cela te regarde personnellement, Bamboulà ! C'est l'avant-dernier acte du drame. Le dernier est mon affaire, et je te promets un dénouement heureux ! Avant un an, le fils reconnu du conseiller entrera en possession de l'immense fortune que personne ne sera plus en mesure de lui contester. Ta route est donc toute tracée : suis-la ! Songe que la richesse est au bout !

— Et la marquise ? demanda le comte.

— Pardieu ! tu l'épouseras et tu hériteras d'elle un jour !

Le comte regarda fixement à son tour son interlocuteur :

— Tu ne m'as jamais déclaré nettement, dit-il, ce que tu voulais pour ta part.

— Tu connaîtras mes conditions quand le temps sera venu, répondit froidement le roi du bagne. Jusque-là, contente-toi d'agir et rappelle-toi que, d'après le code qui nous régit, la trahison est le premier des crimes, et le seul que je ne pardonne pas. Tu n'es pas assez sot pour supposer que les liens du sang, qui m'attachent à toi, soient jamais un obstacle à mes volontés ?

— Pourquoi me dis-tu cela ? demanda le comte de Sommes en détournant les yeux.

— Pourquoi ? répéta le roi du bagne. Parce que tu n'as qu'une pensée, Bamboulà : celle d'échapper à ma dépendance.

— Moi ?

— Ne joue pas la comédie ; je t'ai deviné. Tu t'es dit que maintenant Léonore et Blanche sont les deux seules héritières de Niorres ; que si l'une des deux sœurs mourait, l'autre aurait dans ses mains une fortune royale, et, comme toutes deux sont belles, tu as pensé que celui qui épouserait la survivante, serait assez riche et assez heureux pour ne pas désirer davantage ; et qu'à bien prendre, mieux vaudrait une fortune tout acquise, que courir des chances nouvelles en épousant la marquise d'Horbigny ! Est-ce vrai cela, Bamboulà, et ai-je deviné juste ?

En écoutant son compagnon, le comte avait senti une ardente rougeur empourprer son front, et ses sourcils, se rapprochant, avaient cherché à atténuer le feu qui brillait dans ses regards. Le roi du bagne fixait sur lui un œil froidement scrutateur.

— Tu ne réponds pas ? fit-il après un moment d'attente.

— Et que veux-tu que je réponde ? demanda le comte en faisant un violent effort pour dominer l'agitation qui s'était emparée de lui.

— Ai-je deviné juste ?

— Je t'affirmerais le contraire que tu refuserais de me croire...

— Donc...

— Pense ce qu'il te plaira de penser !

— Très bien ! Tu m'as compris. Maintenant je puis partir. A mon retour, je dois retrouver le conseiller seul, debout sur les ruines de sa famille. Adieu, Bamboulà ! Mes compliments à la belle marquise !

Une lueur brillante éclaira brusquement le jardin : on tirait le bouquet.

Le roi du bagne fit un dernier geste adressé à son compagnon et disparut dans la foule, dont les rangs repoussés arrivaient alors jusqu'au bouquet d'arbres, à l'abri duquel avaient causé les deux complices. Le comte demeura un moment immobile à la même place ; puis secouant la tête comme pour chasser les pensées qui envahissaient son cerveau, il fit quelques pas dans la direction du café.

— Il a tout compris, tout deviné ! murmura-t-il. Mes pensées les plus secrètes lui apparaissent aussi clairement que s'il les lisait dans un livre ouvert. Je suis rivé à lui ; rivé sans espoir de briser mes chaînes !

Le comte frappa la terre du talon de son soulier.

— Retomber de ma situation à celle d'esclave ! continua-t-il avec fureur ; cela est-il donc possible ? Quoi ! je ne trouverai pas un moyen pour acquérir ma liberté ? Mon plan, cependant, est encore plus habile que le sien, et s'il réussissait, j'échapperais à tous les périls... Dois-je donc y renoncer et me contenter d'obéir ?

Le feu d'artifice venait de lancer sa dernière fusée, et le jardin, tout à l'heure rayonnant de lumière, paraissait, en dépit de son illumination en verres de couleurs, être retombé dans une obscurité profonde.

La foule, riant, criant, se pressant, s'écoulait lentement et allait se heurter sur les boulevards aux groupes des curieux économes qui s'étaient contentés, en demeurant au dehors, de battre des mains à l'apparition de chaque chandelle romaine, dont les étoiles diamantées surgissaient de temps à autre au-dessus de la cime des grands arbres ou de la toiture de la salle de bal.

Le comte, son chapeau sur les yeux, se laissait entraîner par ce courant qui le poussait hors du jardin. La perplexité la plus vive se peignait sur sa physionomie, et ses lèvres contractées indiquaient le travail auquel se livrait son esprit. En quittant le Vauxhall, il se dirigea instinctivement vers la rue du Temple, à l'angle de laquelle il devait rencontrer sa voiture.

En traversant la chaussée du boulevard, il se trouva à la hauteur d'un groupe animé, composé d'une femme vêtue en petite bourgeoise et de trois hommes, dont l'un portait l'uniforme des gardes françaises, et les deux autres l'habit de simples particuliers. Le comte allait dépasser ces promeneurs, lorsque plusieurs voitures, roulant rapidement sur la chaussée, lui firent faire un mouvement de halte involontaire. Le groupe s'était arrêté également, attendant que la voie fût libre.

Le comte touchait presque du coude le soldat, et il pouvait parfaitement entendre les paroles échangées entre ses voisins.

— Pauvre homme ! disait la femme, cela m'a navré le cœur de le voir dans un pareil état ! Est-ce que vous croyez qu'il en revienne, monsieur Michel ?

— Ma foi ! je n'en jurerais pas, reprit celui auquel venait de s'adresser la compagne du soldat ; mais cependant je l'espère, ma chère madame Lefebvre.

— Dès demain je viendrai m'installer près de lui !

— Dis donc, Hoche, fit le garde française en se tournant vers le troisième personnage, as-tu remarqué comme ses yeux se sont ouverts quand j'ai parlé de ses lieutenants, comme il les appelle ?

— Oh oui ! dit le garçon d'écurie du comte d'Artois. Il les aime de tout son cœur.

— Pauvre Mahurec ! s'il en mourait, je le regretterais joliment.

Les voitures venaient de passer ; la voie était libre. Mme Lefebvre et ses amis traversèrent la chaussée du boulevard.

En entendant le nom de Mahurec, le comte de Sommes avait violemment tressailli, et ce nom, prononcé par des voix étrangères, parut l'arracher subitement à l'espèce de torpeur dans laquelle il était plongé. Pressant le pas, il continua à marcher à la hauteur du petit groupe. La foule qui sortait du Vauxhall emplissait à tel point les abords de l'établissement, qu'il était impossible que Lefebvre et ses compagnons pussent remarquer qu'ils étaient suivis par un homme espionnant leurs paroles. Ils continuèrent donc leur conversation, dont Mahurec faisait tous les frais. Arrivés à la hauteur de la rue du Temple, ils s'arrêtèrent et formèrent un petit cercle, comme s'ils se fussent apprêtés à prendre congé les uns des autres.

— Adieu, monsieur Michel, dit la blanchisseuse au jeune clerc de notaire. Vous verra-t-on demain là-bas.

— Certes ! j'irai chaque jour savoir des nouvelles. Danton viendra demain avec moi.

— Vous vous rappelez bien l'adresse ?

— Soyez tranquille ; j'ai une bonne mémoire : rue du Figuier-Saint-Paul, près de la rue Saint-Antoine, chez Mme Beauvais. C'est bien cela, n'est-ce pas, Hoche ?

— Oui, répondit le neveu de la fruitière.

— Ce pauvre Mahurec, s'il pouvait en revenir, murmura Lefebvre en poussant un soupir.

— A propos, dit Michel en se rapprochant de la mère Lefebvre, n'allez pas lui parler de la situation dans laquelle se trouvent le marquis d'Herbois et le vicomte de Renneville ! Danton l'a bien défendu ! Cette révélation pourrait le tuer d'abord, et Danton veut être le premier à l'interroger à cet égard.

— C'est convenu ! je n'irai pas faire une pareille sottise.

Michel serra les mains des deux hommes et salua la jeune femme.

— A demain ! dit-il en faisant un pas en arrière pour quitter le petit groupe et s'engager dans la rue du Temple.

Lefebvre, sa femme et le garçon d'écurie reprirent leur marche et descendirent le boulevard dans la direction de la porte Saint-Martin. Le comte de Sommes n'avait pas perdu un mot de ce qui venait de se dire. L'expression anxieuse, qui assombrissait son front, avait complètement disparu, et son visage réflétait une pensée triomphante.

— Oh ! fit-il en tournant lentement sur ses talons, tout n'est pas perdu ! Mahuree vit encore ! je n'avais pas songé à lui, moi ! Ah ! je ne suis pas tellement garrotté dans tes liens que je ne puisse redevenir libre !... Quelle heure ?... continua-t-il en s'arrêtant pour interroger sa montre. Onze heures ! Je trouverai son Altesse.

Et courant à sa voiture qui l'attendait à quelques pas, il s'élança devant le valet de pied qui ouvrait la portière, en lui criant d'une voix presque joyeuse :

— Au Palais-Royal !

La voiture partit au grand trot. Quelques instants après, elle s'arrêtait rue de Valois, à l'entrée particulière conduisant aux petits appartements du duc de Chartres.

— Où est monseigneur ? demanda le comte en s'adressant à un huissier, lequel, à la vue du jeune homme qu'il savait être l'un des plus familiers compagnons de son maître, s'était empressé d'accourir prendre les ordres.

— Son Altesse vient de rentrer de l'Opéra.

— Le duc est dans son cabinet alors ?

— Je ne suppose pas, car Son Altesse n'était pas seule.

— Eh bien ! faites prévenir monseigneur que je le supplie de m'accorder sur l'heure un moment d'audience.

L'huissier s'inclina et sortit vivement pour aller avertir le valet de chambre.

Le comte attendit dans la pièce en se promenant avec impatience :

— Oh ! murmura-t-il tandis que ses yeux s'animaient et que son front se redressait fièrement, c'est une inspiration du diable ! Pourvu maintenant que Mahurec ne meure pas !

— Monseigneur attend monsieur le comte, dit l'huissier en rentrant discrètement.

X

LA FORÊT DE CAMPBON

Lorsque le voyageur qui visite cette belle partie de l'ouest de la France, si fertile en événements historiques, qui avoisine l'embouchure de la Loire, entre dans ce gigantesque quadrilatère formé au nord par la Vilaine, à l'est par l'Inde, au sud par la Loire et à l'ouest par l'Océan, il est frappé de la nature particulière du sol sur lequel il vient de poser le pied en quittant la forêt d'Ancenis.

Là, en effet, sur une étendue de près de trente lieues de largeur, en suivant les lignes du Sillon de Bretagne, on trouve à peu près de tout : terrains primitifs et de transition, roches granitiques et schisteuses, houille, argiles, tourbières immenses et marais salants. L'œil se perd sur des landes énormes, sur des marais couvrant toute une contrée, s'il n'est arrêté par l'aspect sévère de forêts gigantesques dont l'origine remonte au temps des druides.

Quant aux chemins, à l'exception des routes de poste conduisant à Nantes, on en distingue, de nos jours, quelques vestiges encourageants. A la fin du dernier siècle, avant que l'active administration du premier Empire eût étendu ses bienfaits sur cette partie désolée de la France que la guerre civile avait, aux trois quarts, détruite, on n'en voyait aucun. Des sentiers défoncés se dessinaient capricieusement au milieu des landes, s'embourbaient dans les marais ou se perdaient sous les fourrés des bois, mais de route proprement dite, il n'en existait qu'une : la Loire. Aussi les voitures de voyage ne s'aventuraient-elles que bien rarement dans ces parages dangereux et plus d'un gentilhomme, allant de son château à celui du voisin, était obligé, s'il ne faisait la route à cheval, de se laisser traîner dans l'une de ces abominables charrettes bretonnes, lesquelles sont construites pour rouler, au besoin, sur le côté et sont bien certainement capables de résister aux chemins de l'enfer, en admettant toutefois que l'enfer ait ses grandes voies mal entretenues, ce qui est bien peu probable.

C'est à partir de Blain surtout que la direction à suivre à travers le pays se hérisse de difficultés toujours renouvelées et souvent insurmontables. Là commencent les interminables marais qui assombrissent le sol et donnent, au pays, un aspect vaseux devant lequel recule d'ordinaire le touriste.

Trois jours après celui où se sont accomplis à Paris les dernières scènes, une berline, attelée de quatre chevaux et dont la caisse, couverte de boue et de poussière, attestait une longue route péniblement parcourue, quittait Blain vers six heures du soir et s'avançait lentement vers Bouvron.

Les petits chevaux bretons, roidissant leurs jarrets et tirant énergiquement sur les cordes qui les attelaient à la voiture, triomphaient des ornières profondes, creusées sous les roues de la berline et des coteaux à pic qui se dressaient parfois en face d'elle.

Nicolas et Jean occupaient, avec un petit paysan, le siège de la berline. Dans l'intérieur étaient les autres voyageurs, Fouché, Brune et Augereau se tenant attentifs aux moindres mouvements des prisonniers. Gorain et Gervais, assis en face l'un de l'autre, poussaient les hauts cris aux secousses violentes que leur imprimait la caisse si rudement ballotée.

Ces deux pauvres bourgeois étaient méconnaissables; les traits tirés, la perruque de travers dépoudrée complètement, les yeux enfoncés, les joues amaigries et d'une pâleur qu'une épaisse couche de poussière rendait encore plus maladive.

Brune, Fouché, Augereau et leurs deux compagnons, avaient souffert également des fatigues du voyage, mais leur énergie morale avait soutenu leurs forces physiques et la lutte avec les hommes et avec les événements avait, pour ainsi dire, décuplé la vigueur dont les avait doués la nature.

Il y avait sept jours que les voyageurs avaient quitté Paris, et depuis ces sept jours chacun d'eux avait pu prendre, à peine, quelques instants de repos, car ils veillaient tour à tour à la sûreté commune, dirigeant la voiture et gardant les prisonniers.

Grâces au merveilleux génie de l'oratorien, qui lui faisait deviner toutes les ruses et déjouer toutes les intrigues si habilement nouées contre lui, grâce à sa présence d'esprit, peu commune, qui lui avait permis de tromper les espérances de ses ennemis et de se servir de leurs propres armes pour les tourner contre eux-mêmes, en s'emparant de Roquefort, de Jonas et de Rubis, Fouché avait su éviter tout événement dangereux et passer auprès de toutes les embûches sans faire un seul faux pas ; mais il n'avait pu, quelque activité qu'il déployât, remédier aux accidents naturels, et, par une fatalité inconcevable, ceux-là ne lui avaient pas fait faute.

Il avait fallu tout d'abord éviter, avec soin, les routes trop fréquentées, afin que la présence des deux hommes garrottés et attachés au fond de la voiture n'éveillât pas des soupçons qu'il eût été dangereux de laisser éclaircir. De là, de nombreux détours qui avaient plus que triplé l'espace à franchir. Puis la voiture, horriblement fatiguée par le mauvais état des routes de traverse, s'était rompue trois fois. Les deux premiers accidents avaient pu être réparés en quelques heures, mais le troisième, plus important, avait exigé toute une journée de travail, d'autant plus qu'il était survenu en rase campagne, loin de toute habitation et qu'il avait fallu que l'un des voyageurs se détachât, fît près de deux lieues avant de trouver un charron et ramenât l'ouvrier sur le lieu où gisait la berline.

Souvent encore les chevaux manquaient. Plusieurs fois, contraints de venir relayer dans les villes, Fouché avait dû faire arrêter dans un bois voisin, y demeurer à la garde des prisonniers avec l'un de ses compagnons et attendre que la berline revînt les prendre.

Tous ces retards, tous ces embarras, élevant obstacles sur obstacles, avaient plus que triplé la longueur de la route à parcourir. Enfin le voyage touchait presque à son terme. Encore quinze lieues à peine, par des chemins exécrables, il est vrai, et Fouché et ses compagnons allaient atteindre Saint-Nazaire.

Pas une seule minute, Fouché ni Brune n'avaient laissé les prisonniers libres de communiquer avec les bourgeois. Sans doute Roquefort avait compté utiliser encore ses deux dupes, car tout d'abord son regard terne s'était ranimé en apercevant Gorain et Gervais;

mais en voyant, chaque heure s'écouler, sans qu'il pût éviter la surveillance de l'oratorien ou celle de l'étudiant, son front s'était peu à peu rembruni, et, plus on approchait de Saint-Nazaire, plus l'expression de son visage devenait sinistre et menaçante.

Les deux bourgeois ne sachant pas ce qu'ils devaient faire, n'avaient eu qu'un seul désir ardent : reprendre la route de Paris.

Gorain, se chargeant de la communication, s'était adressé à Fouché. Après avoir longuement parlé de ses fatigues, de sa santé délicate, de l'inquiétude dans laquelle devaient être sa femme et celle de Gervais, il avait fini par avouer qu'ils voulaient, tous deux, renoncer aux douceurs du voyage entrepris.

Fouché l'avait laissé parler aussi longuement qu'il avait voulu, puis lorsque Gorain eut achevé :

— Mes chers amis, avait-il dit aux deux bourgeois, vous voulez retourner à Paris ? Je comprends parfaitement votre désir et je ne m'oppose nullement à ce que vous cherchiez à l'accomplir.

Gervais et Gorain avaient poussé un même soupir de satisfaction.

— Mais, avait continué Fouché, je ne dois pas vous cacher plus longtemps la vérité. Nous sommes entourés d'ennemis formidables, ne cherchant qu'à nous anéantir tous ! Vous avez vu ce qui est arrivé déjà depuis notre départ ? La rupture de la roue à Arpajon, les duels, les tentatives d'empoisonnement, l'incendie, tout cela était dirigé contre nous. Jusqu'ici j'ai pu parvenir à nous préserver tous. Tant que vous serez avec nous, je réponds de vous. Si vous nous quittez... que Dieu vous préserve, je ne réponds plus de rien. Nous arriverons probablement là où nous allons, mais malheur à ceux d'entre nous qui chercheraient à retourner en arrière… il est évident qu'ils n'atteindraient pas Paris. Maintenant vous êtes absolument libres ! Faites ce que vous voudrez !

Gorain et Gervais s'étaient regardés avec de gros yeux inquiets et ébahis, puis ils avaient frissonné, et ils avaient courbé la tête en déclarant, à Fouché, qu'ils étaient prêts à le suivre jusqu'au bout du monde.

Depuis cet instant décisif, les deux malheureux s'étaient laissés conduire comme deux véritables machines, absolument dénués de toute volonté. Exténués par la fatigue, ahuris par les événements, stupéfiés par la peur qui les agitait sans cesse, ils avaient à peine conscience de leur propre existence.

Quant à Fouché, ce qui l'avait déterminé à agir ainsi, ce n'était pas le désir de conserver, près de lui, la compagnie gênante et embarrassante des deux bourgeois, compagnie dont il se fût fort volontiers privé, c'était simplement la nécessité. Aucun des voyageurs n'était riche, à l'exception des deux bourgeois, et, grâce aux précautions à prendre, aux événements à prévoir, aux chevaux à acheter, à revendre avec perte, à louer aux postillons dont on devait parfois payer l'aveuglement ou la discrétion, les frais de route s'élevaient, chaque jour, à des sommes souvent fabuleuses pour la bourse plate de l'oratorien et celle, non plus gonflée, de ses compagnons de voyage.

Gorain et Gervais représentaient le nerf de l'intrigue, suivant l'expression de Beaumarchais, puisqu'eux seuls possédaient les fonds nécessaires à l'accomplissement de l'entreprise. Il était donc de nécessité première de ne pas se séparer d'eux.

C'était, dans ces conditions, que s'étaient effectuées les quatre-vingts lieues franchies par la berline, depuis l'instant où nous l'avons quittée jusqu'à celui où nous la retrouvons. Elle roulait alors au milieu des marais, creusant, sous ses roues, des ornières profondes et menaçant à chaque instant de verser.

— Dans combien de temps serons-nous à Saint-Nazaire? demanda Brune à l'oreille de Fouché.

— Demain matin, si les routes ne sont pas trop mauvaises, répondit l'oratorien ; mais nous ne sortirons jamais d'ici, si je ne monte pas sur le siége.

Brune se rapproche de son interlocuteur :

— Quelle est la forêt dont j'aperçois, au loin, les arbres ? demanda-t-il en désignant l'horizon en avant de la route.

— La forêt de Campbon.

— Elle est longue à traverser ?

— Énorme et presque vierge !

Au nom de la forêt de Campbon, Roquefort, qui était placé de façon à ne pouvoir examiner la route, tressaillit brusquement et il poussa doucement, de son bras lié, le coude de Jonas.

Celui-ci leva les yeux en avant et désigna du regard le siége de la voiture sur lequel se tenait le petit paysan, sous la garde du soldat et du garçon teinturier.

La journée avait été horriblement fatigante ; la chaleur était extrême et les exhalaisons qui se dégageaient des marais, rendues plus pénibles encore par l'ardeur incessante du soleil dont aucun obstacle ne brisait les rayons, causaient aux voyageurs, peu habitués à respirer cette atmosphère chargée de miasmes délétères, une sorte de malaise contre lequel ils luttaient avec peine. Ceux surtout, qui étaient enfermés dans l'intérieur de la voiture, ressentaient une torpeur dont les atteintes fatiguaient leurs sens émoussés.

Fouché, se penchant, de temps à autre, par la portière, explorait le pays qu'il connaissait parfaitement pour y avoir passé toutes les années de sa première jeunesse, et il donnait des indications à Nicolas qui conduisait l'attelage ; mais, soit négligence, soit inexpérience, le jeune soldat n'évitait pas toujours les endroits les plus mauvais de la route, et les roues menaçaient, à chaque instant, de rester embourbées dans les énormes trous fangeux qui bordaient la voie parcourue par la voiture.

Il y avait deux heures déjà que la berline avait quitté Blain et la nuit, descendant rapidement, rendait plus difficile encore la conduite de la voiture dans ces chemins à peine tracés. La brise de mer, à laquelle la proximité de l'Océan n'enlevait rien de sa force, soufflait depuis quelques instants et apportait un soulagement aux fatigues causées par l'extrême chaleur du jour. A un quart de lieue environ, en avant sur la route, se dressait une masse sombre: c'étaient les arbres de cette forêt de Campbon qu'avait aperçue Brune et que l'oratorien avait déclarée être longue et difficile à franchir. Une côte assez rapide forçait alors les chevaux à marcher au pas.

— Si nous ne montons pas sur le siège, dit Fouché à son voisin, nous risquons fort d'éprouver quelque accident, car ni Jean, ni Nicolas ne connaissent le pays.

— Eh bien ! conduisons la voiture, répondit Brune.

Fouché désigna de l'œil les prisonniers.

— Bah ! reprit l'étudiant, Augereau, Jean et Nicolas suffiront bien à les garder.

— Oui, mais sauront-ils les contraindre à parler à temps, comme je l'ai fait jusqu'ici, si nous devons éviter quelque embûche nouvelle ?

— Eh bien ! conduisez seul, je demeurerai dans la voiture.

— C'est peut-être ce qu'il faudrait faire ; mais j'ai à vous parler. Il faut qu'avant d'atteindre Saint-Nazaire, nous convenions ensemble de la façon dont nous devons agir, et pour cela, il faut, je le répète, que nous causions seul à seul.

— Alors, montons sur le siège.

Fouché réfléchit durant quelques instants.

— Descendons ! dit-il ensuite, je donnerai des instructions détaillées à Augereau.

La voiture avait atteint le haut de la côte, et les chevaux s'étaient arrêtés pour souffler un peu avant de s'engager dans la forêt, dont les voûtes ombragées apparaissaient comme autant d'antres sombres. Nicolas, profitant de ce temps d'arrêt, était descendu de son siège, laissant Rubis à la garde du garçon teinturier, et il s'occupait à allumer l'unique lanterne qui, attachée sous le garde-crotte, devait servir à éclairer la route.

Fouché et Brune avaient mis pied à terre, appelant près d'eux le maître d'armes. Celui-ci dormait paisiblement. Réveillé brusquement, il porta tout d'abord la main à la garde de son épée ; mais reconnaissant bientôt qu'aucun danger réel ne menaçait ses amis, il s'empressa d'obéir à l'invitation de l'oratorien que chacun avait reconnu, tacitement, pour chef suprême.

Gorain, Gervais et les deux prisonniers demeurèrent donc seuls dans la voiture. C'était la première fois, depuis le moment de l'arrestation des deux derniers, que Fouché et Brune les quittaient ensemble. Roquefort lança par la portière, soigneusement refermée, un regard furtif, et, bien certain que Fouché et ses amis causaient à voix basse à une assez grande distance pour ne pouvoir remarquer ce qui se passait dans l'intérieur de la berline, il se pencha vivement vers les deux bourgeois :

— Messieurs, leur dit-il à voix extrêmement basse, voulez-vous que je tienne les promesses que je vous ai faites?...

Gorain et Gervais se regardèrent sans oser répondre.

— Voulez-vous, à votre retour à Paris, être jetés au fond d'un cachot de la Bastille et y pourrir éternellement.

Les deux bourgeois firent un soubresaut sur la banquette.

— Détachez les cordes qui me lient les mains! reprit Roquefort, détachez-les, corbleu! et je vous délivre cette nuit de ces démons incarnés qui vous ruinent et vous entraînent à votre perte!... Détachez ces cordes! coupez-les! sinon, je jure Dieu qu'une horrible prison sera désormais votre unique séjour!

Et, comme Gervais et Gorain hésitaient toujours sans répondre, Roquefort se souleva sur la banquette et il tendit ses bras liés aux deux bourgeois.

Tandis que cette scène se passait dans l'intérieur de la voiture, on atteignait les abords de cette forêt de Campbon, vaste, immense, touffue, solitaire, presque vierge, ainsi que l'avait dit Fouché, et qui couvrait une étendue considérable de terrain. Ses fourrés épais, ses taillis serrés, ses cépées séculaires offraient, au gros gibier, une retraite difficile à forcer. Rarement une voiture affrontait ces inextricables détours tracés sous les arceaux touffus du feuillage des ormes et des chênes. La chasse à courre était déjà difficile dans la forêt de Campbon : le voyage en berline devait donc y être presque impraticable.

Fouché n'ignorait pas tous les obstacles ; mais, pour arriver à Saint-Nazaire en venant de l'Anjou, il n'y avait que deux routes : celle que suivaient alors les voyageurs, ou celle passant par Nantes. Les mêmes raisons, qui avaient fait éviter à l'oratorien les grandes villes, l'avaient conduit à suivre la première des deux routes. Il avait compté sur sa profonde connaissance du pays ; car il avait souvent parcouru, dans sa première jeunesse, cette forêt qu'il s'agissait maintenant de traverser, et il avait pensé qu'il pourrait, sans le secours d'un guide, diriger sa voiture et la conduire, sans encombre, au but qu'elle devait atteindre.

Fouché et Brune avaient remplacé sur le siège Nicolas et Jean ; la nuit était complète, et la grosse lanterne, placée devant le garde-crotte, jetait sur l'attelage sa lumière rougeâtre ; mais cette lumière, qui avait l'avantage d'éclairer suffisamment le chemin à suivre, offrait l'inconvénient de rendre plus ténébreuses, par son opposition, les profondeurs de la sombre forêt. Les chevaux marchaient lentement, d'un pas égal, et, si la berline n'avançait pas rapidement, du moins gagnait-elle incessamment dans sa course. Elle venait de franchir le premier tiers à peu près de la forêt, et Fouché avait découvert une voie assez large, plate, unie, qui allait permettre de lancer les chevaux à une allure plus vive.

— Les druides ont dû venir souvent ici consommer leurs odieux sacrifices ! dit Brune tandis que les petits bretons prenaient un trot allongé. Voyez donc ces magnifiques arceaux ! Cette nature sauvage est réellement sublime.

— J'aimerais mieux une grand'route et les plaines de la Brie, répondit Fouché.

— Oh ! cette réflexion n'est pas précisément poétique, fit observer en souriant l'étudiant.

L'oratorien haussa les épaules.

— La poésie est une duperie, dit-il.

— Oh ! fit encore Brune avec une réprobation évidente.

— Une niaiserie, continua Fouché. Elle indique la faiblesse du cerveau, comme le teint transparent du visage décèle la faiblesse de la poitrine. Cela est bon pour les femmes qui n'ont rien à faire. Les hommes doivent n'envisager les choses que pour ce qu'elles sont matériellement. Aussi, je vous le répète, je donnerais tous ces beaux arceaux de verdure, toute cette végétation luxuriante, pour une plaine de la Champagne pouilleuse, attendu, qu'en voyage, un terrain nu et plat est cent fois préférable à tous les sites pittoresques.

— Cela dépend des goûts, dit Brune.

— Mon goût est de réussir dans tout ce que j'entreprends.

— Tant mieux pour nous si votre goût est satisfait cette fois. Dans quelques heures, nous arriverons à Saint-Nazaire.

— Si nous continuons de ce train, je puis vous affirmer que nous y entrerons avant le lever du soleil.

— Tant mieux encore, car je suis exténué.

— Vous vous rappelez bien ce qui a été convenu entre nous ? reprit Fouché sans répondre à l'observation de Brune.

— Parfaitement. En arrivant nous conduisons nos prisonniers au baillage.

— Et là, ils seront en sûreté ; je connais le magistrat auquel nous les confierons. Notre voyage accompli, nous n'avons plus besoin d'eux car nous n'aurons plus rien à craindre, et alors la justice pourra, peut-être, voir clairement dans tout cela.

— Ensuite, reprit Brune, nous laissons Gorain et Gervais sous la garde d'Augereau, de Nicolas et de Jean, et nous nous rendons, tous deux, à la demeure des femmes chargées d'élever M⁽ˡˡᵉ⁾ d'Horbigny...

— Chut ! interrompit brusquement Fouché.

— Qu'est-ce donc ? demanda Brune avec étonnement.

— Il m'avait semblé voir, là dans ce hallier, briller un canon de fusil, dit l'oratorien à voix basse.

— J'ai entendu remuer... ajouta Brune.

— En êtes-vous certain ?

— Oui ! ici... sur ma gauche.

Fouché avait arrêté les chevaux.

Se penchant sur le siège, il fouilla du regard les ténèbres en prêtant une oreille attentive.

— Nous nous serons trompés, reprit-il après un moment de silence et en remettant ses chevaux en marche.

— Cependant, dit Brune, j'ai entendu...

— Quelque bête fauve dont nous aurons troublé le sommeil.

— Mais ce que vous avez vu...

— Un ver luisant sur un tronc d'arbre sans doute ; car je ne vois plus rien, et je n'entends rien. Cependant veillons avec attention.

Brune frappa à la glace de devant de la berline ; Augereau l'abaissa aussitôt de l'intérieur de la voiture.

— Les prisonniers ? dit l'étudiant.

— Ils ne bronchent pas, répondit le maître d'armes, d'ailleurs je suis prêt à tout événement.

Et il fit voir l'extrémité des deux pistolets qu'il tenait de chaque main.

— Au premier événement suspect, continua-t-il, je leur casse la tête ; c'est convenu.

— Bien, murmura Fouché, en fouettant ses chevaux.

Lorsque l'oratorien et l'étudiant avaient remplacé Nicolas et Jean sur le siège de la voiture, ils avaient conservé la garde de Rubis, le petit paysan, qu'il était impossible, faute de place, de reléguer dans la berline. Cependant, comme les deux voyageurs avaient à parler confidentiellement d'une part, et que, de l'autre, le mauvais état des routes et l'obscurité profonde, qui régnait, exigeaient toute leur attention, ils avaient avisé au moyen le plus convenable de conserver leur liberté d'action et d'esprit, tout en plaçant en sûreté le petit paysan.

Fouché avait pris des cordes, avait attaché l'enfant et l'avait fixé sur le dôme de la berline, le contraignant à demeurer couché sur le dos.

La situation était des plus pénibles ; mais l'oratorien ne s'en était nullement préoccupé, et la voiture s'était mise en marche.

Après avoir donné l'éveil à l'attention d'Augereau, Brune s'était retourné vers Rubis qui ne pouvait tenter un seul mouvement pour fuir. La voiture roulait toujours plus rapidement qu'elle n'avait pu le faire encore.

La route paraissait assez belle, et Fouché, voulant profiter du terrain praticable, avait rendu la main et laissait ses poneys bretons prendre le galop de chasse.

Depuis la légère alerte qu'ils avaient eue, aucun des deux conducteurs n'avait rien remarqué d'alarmant. La forêt paraissait absolument silencieuse et complètement solitaire.

Tout à coup, les deux chevaux de volée bondirent comme s'ils eussent eu un obstacle à franchir ; les porteurs imitèrent rapidement leur élan, et la berline éprouva un choc violent, qui fit craquer la caisse. Elle venait de passer par-dessus un tronc d'arbre renversé en travers sur la route.

— Corbleu ! dit Fouché, nous l'avons échappé belle. Nous eussions dû verser dix fois !

Brune lui passa la main sur l'épaule et le contraignit à regarder dans les fourrés.

— Des fusils! murmura-t-il. Au galop!

Et il rendit de nouveau la main en excitant ses chevaux. Mais presque ausssitôt Brune fit entendre une exclamation de colère.

— Le drôle a pu fuir! s'écria-t-il.

— Quoi? demanda Fouché.

L'étudiant désigna le dôme de la voiture, sur lequel Rubis était attaché quelques instants auparavant : la place était nette. Soit que le petit paysan fût parvenu à user ses liens par le frottement, soit qu'il eût été mal attaché, soit enfin que le choc que venait de recevoir la voiture en franchissant le tronc d'arbre eût brisé les cordes et l'eût lancé sur la route, il avait complètement disparu. Fouché poussa une sourde exclamation.

— Atteignons seulement la clairière! dit-il, et nous sommes sauvés !

Mais la route, qui jusqu'alors avait paru libre, se présenta subitement obstruée par un énorme amas de pierres. Sans hésiter, Fouché se jeta sur la droite à travers les taillis, au risque de briser la berline. Un sifflement aigu retentit près de là.

— Augereau! Jean! Nicolas! à vos armes! cria Fouché en faisant pleuvoir une grêle de coups de fouet sur ses chevaux.

L'attelage s'élança en hennissant de douleur ; la voiture, emportée au galop, franchit rapidement, et en dépit des obstacles de la route, une distance de plusieurs centaines de toises ; mais tout à coup une double explosion retentit, et les deux chevaux de volée roulèrent à terre... Les deux porteurs, lancés en avant et obéissant à l'impulsion que leur donnait le poids de la voiture, s'abattirent sur les cadavres qui s'opposaient à leur passage. La berline reçut un second choc plus terrible que le premier et qui la fit chanceler ; mais elle reprit son équilibre et demeura immobile.

Une troupe d'hommes armés, surgissant alors des taillis et des fourrés et entourant la route, formèrent un cercle menaçant autour de la voiture.

Tout cela s'était accompli avec une rapidité telle que les voyageurs, placés dans l'intérieur, n'avaient pu comprendre l'importance de l'accident, alors même qu'il était déjà accompli. Roquefort et Jonas poussèrent un cri joyeux et se précipitèrent d'un même élan sur la portière de gauche, près de laquelle étaient assis Gorain et Nicolas.

XI

L'ATTAQUE

Augereau poussa un juron formidable : les prisonniers avaient les mains libres, et cependant ils avaient gardé durant la route une immobilité telle, une attitude si complètement identique à celle de gens étroitement garrottés, que ni le maître d'armes, ni ses compagnons n'avaient pu se douter au milieu de l'obscurité qui régnait dans l'intérieur du carrosse, que les liens qui attachaient Roquefort et Jonas eussent été rompus à l'avance.

Mais le premier moment de surprise, qui avait rendu inactifs le maître d'armes, le soldat et le garçon teinturier, fut court. L'imminence du péril leur rendit, d'un même coup, toute leur présence d'esprit.

Roquefort, d'un geste rapide, avait ouvert la portière et bondissait sur la route... Nicolas, renversant Jonas dans la voiture, s'élança à terre... Fouché et Brune sautaient près de lui le pistolet au poing...

Une muraille vivante se dressait de toutes parts.

— Tirez ! tirez ! cria Roquefort en s'élançant vers les agresseurs. Qu'ils meurent tous ! c'est l'ordre !

— Bas les armes ! cria une voix sonore partie d'un groupe de bandits formant la tête de la troupe. Toute résistance est inutile ! Vous êtes pris comme dans une souricière !

Un coup de feu répondit seul à cet ordre, donné d'une voix impérative, et Roquefort roula sur le sol. Le bandit trouva la force de se redresser à demi, et, se retournant avec une expression de férocité extraordinaire vers Brune dont le pistolet, encore fumant, ne s'était pas abaissé :

— Ah ! s'écria-t-il, tu ne mourras que de ma main !

Une formidable explosion accompagna plutôt qu'elle suivit cette menace de vengeance : les assaillants, rendus furieux par l'action inattendue de l'étudiant, venaient de faire sur la voiture une décharge générale. Un nuage de fumée blanchâtre, se condensant sur le lieu de la scène, déroba complètement les effets de cette décharge générale.

La lanterne de la voiture avait été atteinte et brisée par une balle, et lorsque la fumée se dissipa un peu, l'obscurité était tellement profonde qu'aucun des voyageurs ne put distinguer ce qu'étaient devenus ses compagnons.

Un tumulte effrayant régnait dans cette forêt tout à l'heure si paisible : des cris, des chocs violents, des cliquetis d'armes décelant une lutte acharnée se livrant au milieu des ténèbres, et rendue plus horrible encore, par l'ignorance où chacun devait être de sa propre situation. Des éclairs rapides, suivis de détonations vibrantes, déchiraient çà et là l'obscurité de la nuit, puis on entendait le râle d'un agonisant, la chute d'un corps, le cri de triomphe du vainqueur, le cri de rage du vaincu.

Fouché, toujours maître de lui au milieu du danger, Fouché, que le calme et la réflexion n'abandonnaient jamais, Fouché, après avoir déchargé successivement ses deux pistolets et avoir vu tomber deux hommes, Fouché comprit que cette scène de carnage ne pouvait se terminer qu'avec la disparition des ténèbres.

Il pouvait fuir, ou du moins le tenter en se glissant dans les taillis, et cette pensée, il ne la rejeta pas tout d'abord. Seulement, avant de la mettre à exécution, il voulut savoir s'il devait renoncer à l'espoir d'être suivi par quelques-uns de ses compagnons de route. Se baissant donc rapidement, il ramassa une poignée d'herbes sèches, et l'allumant au bassinet de son pistolet, il la secoua pour activer la flamme et l'éleva au-dessus de sa tête.

Une clarté sinistre se répandit aussitôt autour de lui et éclaira l'endroit où avait lieu la lutte.

Par un hasard providentiel, ni Brune, ni Augereau, ni Nicolas, ni Jean, n'avaient été atteints par les bandits, et quatre ou cinq de ceux-ci jonchaient la terre de leur cadavre, et arrosaient, de leur sang, les herbes jaunies. Quant à Gorain et à Gervais, sans doute la terreur les avait fait demeurer dans la berline, car le regard rapide, que Fouché lança autour de lui, ne les rencontra pas.

Roquefort avait dû être enlevé par ses amis : son corps n'était pas au milieu des cadavres. Rubis et Jonas combattaient au premier rang, s'acharnant tous deux après le garçon de maître Bernard.

A peine Fouché eut-il constaté la position de chacun qu'il éteignit sous son pied le brandon enflammé, comprenant que l'obscurité serait leur plus sûr auxiliaire à lui et à ses amis. Cependant il n'était pas sans crainte : les coups de feu se succédaient rapidement et avec un acharnement toujours égal.

Les ténèbres épaisses s'opposaient à ce que cette fusillade pouvait avoir de dangereux, et cependant les détonations éclataient de tous côtés avec une rapidité telle, que la flamme de la poudre dominait parfois l'obscurité.

Fouché avait rechargé ses pistolets, mais il ne se battait pas. D'un calme imperturbable au milieu du danger, il entendait, sans ressentir la moindre émotion, les balles siffler incessamment à ses oreilles. La bravoure de cet homme était réellement étrange et ne ressemblait en rien à celle des autres hommes.

La lutte ne l'électrisait pas : il demeurait impassible. Il ne songeait pas à attaquer, ni même à se défendre : il réfléchissait, et là, au milieu de cette forêt immense, loin de tout secours, entouré de misérables évidemment embusqués pour conjurer sa perte et celle de ses amis, il discutait froidement, avec lui-même, le parti qu'il devait prendre.

Un coup de feu tiré près de lui avait un moment illuminé le lieu de la scène, et lui avait permis de voir Brune debout à quelques pas. L'étudiant, étant celui de ses compagnons que Fouché reconnaissait pour le plus intelligent, il se rapprocha de lui :

— Venez ! dit-il à voix basse.

— Hein ? fit Brune en déchargeant son second pistolet.

— Venez ! partons !

— Fuir ! abandonner nos amis ! s'écria l'étudiant avec indignation. Mais ils seront massacrés !

— Que nous demeurions ou non, ils le seront toujours et leur mort assurera notre retraite.

— Une lâcheté ! fit Brune avec éclat.

— Eh non ! c'est de l'adresse !

— Eh bien ! fuyez, vous, et laissez-moi mourir.

— Impossible ! dit Fouché avec une naïveté terrible en pareille circonstance. Je ne puis rien seul : je ne connais pas la jolie mignonne !

Il était évident que, sans ce motif, Fouché ne se fût

pas même préoccupé de l'un de ses compagnons. Ces paroles avaient été échangées rapidement au milieu des cris, des coups de feu et du sifflement des balles.

La lutte durait depuis quelques minutes à peine, mais elle paraissait terrible. Par un hasard étrange cependant, aucun des cinq voyageurs n'avait été atteint et le feu ne discontinuait pas. Il fallait que les bandits fussent trompés par l'obscurité ou tirassent mal.

— On dirait qu'ils nous épargnent, murmura-t-il, et qu'ils prennent plaisir à continuer la lutte. Pourquoi?

Il ne put chercher la solution du problème. Un bandit, imitant la manœuvre faite précédemment par l'oratorien, venait d'enflammer une poignée de branches résineuses et éclairait tout à coup la forêt à l'aide de cette torche improvisée.

En ce moment, Fouché crut distinguer un bruit sourd se mêlant au tumulte : on eût dit un roulement lointain.

Grâce à la lumière rougeâtre projetée par la torche, les adversaires pouvaient se voir, cette fois, face à face. Augereau, Brune, Jean et Nicolas, le visage empourpré, les yeux ardents, rendus furieux par ce combat prolongé, poussèrent un même rugissement de joie en pensant qu'ils allaient diriger leurs coups avec plus de certitude. Tous quatre bondirent en avant, Augereau, l'épée au poing, Nicolas armé de son sabre, Brune brandissant un poignard et Jean menaçant les bandits de la crosse d'un fusil qu'il avait arraché aux mains d'un mourant.

Les assaillants étaient quatre fois plus nombreux que les voyageurs et, à cette agression inattendue, ils se ruèrent sur leurs ennemis, mais sans tirer un seul coup de feu.

Jean et Nicolas furent renversés sous le choc, Brune esquiva l'attaque en se jetant de côté, tandis qu'Augereau, plus vigoureux, faisait une résistance désespérée.

Fouché s'était élancé derrière le tronc d'un énorme chêne : il ne doutait pas que ses compagnons ne fussent vaincus, et il pensait que l'on voulait les prendre vivants.

La lutte touchait évidemment à son terme... déjà le soldat et le garçon teinturier étaient mis dans l'impossibilité de tenter un mouvement. Augereau pliait sous la grappe d'assaillants qui se cramponnaient à lui, Brune venait d'être désarmé, et trois bandits s'élançaient à la fois sur l'oratorien...

En ce moment, le bruit d'un roulement rapide domina le vacarme, une nouvelle lumière brilla sous les arceaux de la forêt, quatre chevaux lancés à fond de train arrivèrent sur le lieu du combat, et plusieurs hommes armés de pistolets, de fusils et de couteaux de chasse, s'élancèrent d'une élégante berline de voyage.

L'un de ces nouveaux venus, si à propos, bondit vers Fouché et le débarrassa des bandits qui l'assaillaient. Les autres, qu'à leur livrée il était facile de reconnaître pour des valets de bonne maison, se précipitèrent au secours de Jean, de Nicolas et de Brune.

En l'espace de quelques secondes, la scène avait complètement changé de face. Les bandits, surpris au milieu de leur triomphe, tentèrent bien une résistance énergique, mais une fusillade, parfaitement nourrie, les tint en respect, et quand ils virent Augereau et ses amis se relever et revenir sur eux, ils commencèrent à lâcher pied.

Le personnage, qui était venu tout d'abord au secours de Fouché, semblait diriger le combat. Criant, frappant, gesticulant, toujours là où la résistance paraissait la plus grande, il se battait avec un entrain, une bravoure qui étonnaient Augereau lui-même.

Deux postillons, demeurés sur les chevaux, un pistolet d'une main, une torche de l'autre, éclairaient le combat, tout en opérant une heureuse diversion. Enfin les derniers bandits disparurent sous les halliers. Augereau, Brune, Nicolas et Jean s'élançaient pour les poursuivre, mais Fouché les arrêta. Sept cadavres gisaient à terre.

— Diavolo! fit le valeureux personnage en se retournant vers les voyageurs qu'il venait de secourir si fortuitement, nous sommes arrivés à temps pour vous arracher aux griffes de ces misérables.

— Pouvons-nous savoir à qui nous sommes redevables d'un si précieux service? demanda Fouché en s'inclinant.

— Certes, Monsieur, répondit le voyageur avec un accent italien très prononcé. Puisque service il y a, celui qui a été heureux de vous le rendre, se nomme le marquis Camparini!

— Corbleu! dit Augereau! vous êtes brave!

— Mais, fit le marquis en désignant les cadavres des bandits, il me semble que voici des preuves de votre courage.

Les domestiques du marquis, le pistolet au poing, continuaient à faire bonne garde.

— Or çà! reprit le gentilhomme italien du ton le plus dégagé et comme s'il se fût trouvé au milieu d'un salon, je ne suppose pas que votre intention, Messieurs, soit de passer la nuit sur le champ de bataille, bien que vous en soyez demeurés maîtres. Je vais à Saint-Nazaire, où je dois m'embarquer... Vous plaît-il que nos voitures fassent route de conserve, au moins jusqu'à la sortie de cette forêt, car j'ignore où vous allez. De cette façon nous serions à même de nous secourir mutuellement, si besoin en était encore.

9.

Fouché s'inclina en signe qu'il acceptait l'offre, tandis que Brune et Augereau se dirigeaient vers la berline qui les avait amenés.

La voiture était dans un état déplorable, et cet état expliquait la préservation, sans cela inexplicable, dont avaient joui les voyageurs en combattant. Sans doute les bandits, trompés par l'obscurité, avaient cru que les coups de feu dirigés contre eux, partaient de la voiture, car toute leur fusillade avait dû être concentrée sur la berline.

Les deux chevaux porteurs avaient été tués; ils étaient criblés de balles : deux des roues de la voiture avaient leurs jantes déchiquetées par les projectiles, et la caisse était trouée de part en part, les ressorts étaient brisés... La berline, enfin, était hors d'état de continuer la route, lors même que l'on y pût atteler de nouveaux chevaux.

— Corps du Christ ! s'écria le marquis, les bandits ont fait là de la belle besogne pour le charron.

— Mais Gervais et Gorain doivent être tués, s'écria Brune, car ils sont demeurés dans la voiture.

— Les malheureux ! fit Augereau en se précipitant.

On ouvrit à la fois les deux portières qui tenaient à peine : la berline était vide.

— Que sont-ils devenus ? demanda Jean.

— La peur les aura fait fuir, dit Nicolas.

— Il faut les appeler, les chercher, fit Brune. Nous ne pouvons abandonner ces pauvres gens qui, après tout, ne nous ont fait aucun mal.

— Qu'est-ce donc ? demanda le marquis.

On lui expliqua brièvement la situation. En apprenant que deux des voyageurs de la berline avaient disparu, il ordonna à ses domestiques d'allumer des torches, et il offrit généreusement de commencer les recherches.

Fouché laissait faire sans rien dire... Il paraissait être absorbé dans la contemplation de la berline à demi détruite par les balles. Evidemment, cet homme, qui cherchait une cause première aux plus petits événements, se demandait comment l'erreur des bandits avait pu être si grossière, qu'attaqués, par des hommes ils s'en fussent pris à une voiture vide.

— Que signifie cela? pensait-il. Nous eussions dû être tués tous! Etait-ce donc un jeu?... Et cependant ces cadavres...

Fouché se rapprocha des corps étendus sur la terre et se pencha vers eux : les blessures étaient saignantes encore, et les corps étaient presque froids. Fouché se redressa en hochant la tête : le marquis Camparini suivait tous ses mouvements, du coin de l'œil, et semblait deviner ses pensées.

Pendant ce temps, les valets, tenant des torches fouillaient les alentours sous la direction de Brune, d'Augereau, du soldat et du garçon teinturier, lesquels appelaient à pleine voix les deux pauvres bourgeois. Mais les fourrés paraissaient déserts : aucune trace ne pouvait faire deviner ce qu'étaient devenus MM. Gorain et Gervais, et aucun cri ne répondait aux appels répétés des quatre voyageurs.

Fouché, tout en paraissant absorbé dans ses réflexions, s'était avancé vers la berline élégante qui avait amené le marquis d'une façon si miraculeusement heureuse sur le lieu de la lutte, et il l'examinait avec un soin minutieux.

La voiture paraissait avoir accompli une longue route : sa caisse, ses roues étaient salies, tachées, couvertes de boue et de poussière. Les chevaux étaient bien de ceux du pays, et ils avaient dû être pris au dernier relais. La portière portait un blason de forme italienne, surmonté d'une couronne de marquis.

Fouché revint vers le voyageur, lequel n'avait pas fait un mouvement, ni même changé de place.

— Monsieur, lui dit-il, je me félicite encore qu'un heureux hasard vous ait conduit à notre secours, car sans votre énergique intervention, nous succombions bien certainement ; mais j'avoue que j'ai peine à m'expliquer comment un gentilhomme, traversant la Bretagne à pu se résoudre à quitter la route de Nantes pour s'engager dans ces horribles chemins des marais.

— Oh ! fit le marquis, assurément je n'eusse pas pris de plein gré ces horribles chemins, comme vous les nommez si justement, et certes je ne m'en fusse pas consolé alors, car j'aurais perdu l'occasion de vous être utile ; mais avant de quitter la France, je voulais adresser mes adieux à l'un de mes plus anciens amis dont le château est situé dans ce voisinage. C'est pourquoi j'ai quitté Nantes hier matin, résolu à faire un crochet afin de contenter mes désirs.

— Et vous vous rendez à Saint-Nazaire ?

— Heureusement pour vous et vos compagnons, Monsieur ; car votre voiture est hors de service et la mienne est assez grande pour que je puisse vous y offrir place à tous, si du moins, comme je le crois, Saint-Nazaire est également le but de votre voyage.

— Quoi ! vous auriez cette bonté...

— Mais cela n'est que bien naturel. Comment vous abandonnerai-je, en pleine forêt, après vous avoir délivrés des mains des bandits. Non pas, par Dieu ! D'ailleurs, la France m'a été assez hospitalière pour que je sois heureux, au moment de la quitter peut-être pour jamais, de rendre un service à des Français. Vous allez à Saint-Nazaire, n'est-ce pas ?

— Oui, Monsieur.

— Eh bien ! je vous y conduirai moi-même.

Fouché s'inclina pour remercier le marquis de ces paroles si bienveillantes, prononcées du ton de voix le plus franc et le plus sincère.

En ce moment Brune et ses compagnons revinrent près des deux interlocuteurs.

Ils n'avaient trouvé aucune trace des deux bourgeois.

— La peur leur aura donné des ailes, dit l'oratorien. Ils auront fui au commencement de l'action, et peut-être, qu'à cette heure, ils ont traversé la forêt et sont à Port-Château ou à Besné.

— Le croyez-vous ? demanda Augereau.

— Que voulez-vous qu'ils soient devenus ? S'ils sont perdus, ils finiront par trouver quelque ferme ou quelque village...

— Mais si ceux qui nous ont attaqués s'étaient emparés d'eux ?

— Cela est peu probable.

— Enfin, si cela était ?...

— Eh bien ! si cela était, dit Fouché d'une voix brève, je suis convaincu qu'ils ne courraient aucun danger.

Fouché avait formulé cette réponse avec un accent tellement ironique, que le marquis Camparini tressaillit, le regarda et se pinça les lèvres.

Le roi du bagne venait de découvrir qu'il avait, en face de lui, un terrible adversaire, et que cet homme, à l'œil terne et au front plissé, avait dans son cerveau le génie de l'intrigue merveilleusement développé. Il comprenait que Fouché, pesant chaque circonstance à sa juste valeur, analysait, jusque dans ses moindres détails, la scène qui venait d'avoir lieu.

Le marquis, se redressant comme un lutteur qui se voit en face d'un ennemi digne de lui, parut puiser dans cette conviction une énergie nouvelle pour jouer son rôle avec plus de finesse ; et ce fut en redoublant d'aisance, qu'il reprit, après un moment de silence :

— Puisque les recherches de ces Messieurs ont été vaines, je crois qu'il vaudrait mieux gagner au plus vite Saint-Nazaire. Là, vous pourrez prévenir les magistrats et revenir avec une bonne escorte faire une battue dans la forêt. Je regrette que mon départ soit irrévocablement fixé à demain, sans quoi je me fusse fait un plaisir de vous accompagner dans la recherche de vos amis.

Sur un signe du marquis, l'un des valets ouvrit la portière du carrosse.

Le marquis contraignit poliment ses compagnons à prendre place les premiers dans la voiture. Tandis qu'ils obéissaient à cette marque de savoir-vivre, le marquis se rapprocha des cadavres, étendus sur la terre humide de sang, et les examina, rapidement, l'un après l'autre.

— Très bien ! murmura-t-il ; Jourdan m'a compris. Ceux-là étaient à la veille de trahir et leur mort a servi ma cause...

Et le marquis, pirouettant sur ses talons avec un geste d'insouciance, revint vers le carrosse dans lequel il s'élança.

— Vous regardiez ces hommes ? demanda Fouché.

— Oui, répondit le gentilhomme italien ; et je trouve que vos bandits de France sont fort laids. Ils ne peuvent soutenir la comparaison avec nos bandits italiens. Ceux des Abruzzes surtout sont réellement fort beaux.

La voiture, rapidement entraînée, roulait dans la forêt à la lueur des torches que tenaient les valets.

Le marquis se pencha à la portière et regarda au dehors.

— Je déclare, dit-il en souriant et en reprenant sa place vis-à-vis de Fouché, que, même avec l'aide d'une carte, je serais incapable de me reconnaître au milieu de ces exécrables chemins. Le diable m'emporte si je sais où nous sommes !

— Nous allons quitter la forêt de Campbon, répondit Fouché.

— Sommes-nous encore loin de Saint-Nazaire ?

— A quelques lieues à peine.

— Vous paraissez connaître admirablement le pays, Monsieur ?

— J'y suis né.

— A Saint-Nazaire ?

— Non, à Nantes; mais je connais parfaitement Saint-Nazaire ?

— En vérité ? fit le marquis avec un joyeux étonnement. Alors, vous allez probablement pouvoir me rendre un important service.

— A vos ordres, Monsieur.

— Figurez-vous qu'en quittant Paris, j'ai été chargé d'une mission par une des plus charmantes femmes de la cour, fiancée à un gentilhomme avec lequel j'ai eu l'honneur de souper chez le duc de Chartres, M. le comte de Sommes...

— M. le comte de Sommes ! s'écria Brune en tressaillant brusquement.

Fouché retint une exclamation prête à jaillir de ses lèvres.

— Vous le connaissez ? demanda le marquis à l'étudiant.

— De nom, répondit Brune en achevant de se remettre.

— Cette belle dame, reprit le marquis, est veuve de M. d'Horbigny. Elle a, m'a-t-elle dit, une petite fille qui est élevée à Saint-Nazaire, une charmante enfant qu'elle paraît idolâtrer, et, sachant que je devais m'embarquer dans ce port pour de là gagner Brest, où m'attend le bâtiment qui doit me conduire à Naples, elle m'a prié de voir sa fille et de lui remettre cette boîte contenant un cadeau.

Et le marquis, fouillant dans la poche de son élégant surtout de voyage, en tira un écrin de velours qu'il présenta à Fouché. La lumière projetée par les torches pénétrant dans la voiture, permit aux voyageurs d'admirer un ravissant collier de perles.

— Malheureusement, continua le marquis, j'ai perdu une lettre jointe à cet écrin, et sur l'enveloppe de cette lettre était l'adresse de la gouvernante de Mlle d'Horbigny. De sorte que je vais être obligé de quêter cette adresse, de porte en porte, dans une ville où je ne connais absolument personne.

Ces paroles avaient été prononcées d'un ton si naturel : ce que disait le marquis paraissait tellement simple, tellement probable, qu'aucun des voyageurs, pas même Fouché, ne parut mettre en doute la véracité de l'Italien.

Brune, stupéfait du hasard qui avait jeté le marquis sur la route qu'il suivait ainsi que ses amis, avait peine à contenir son étonnement.

— Monsieur le marquis, dit Fouché après un moment de silence durant lequel il sembla peser sa réponse, je suis heureux, en effet, de pouvoir vous être agréable. Vous désirez connaître la demeure de Mlle d'Horbigny ? Je me rends en ce moment moi-même près d'elle avec ces Messieurs, et, si vous le voulez bien, nous vous servirons de guides.

En cet instant la berline franchissait les derniers halliers de la forêt et atteignait la plaine.

Le jour commençait à se lever ; à l'horizon on apercevait la brume courant vaguement sur l'Océan, et un premier rayon de soleil, perçant la vapeur, vint éclairer le clocher de l'église de Saint-Nazaire.

XII

L'ŒIL-DE-BŒUF

L'Escalier de la Reine, qui est dans l'aile gauche, communique avec les appartements de la Reine, placés en face l'Orangerie, et les appartements du Roi donnant sur la Cour de Marbre.

Par l'entrée de droite, on traverse d'abord la Salle des Gardes, puis l'Antichambre du Roi, et on pénètre dans cette Salle célèbre qui est bordée, dans sa longueur, par la Galerie des Glaces, ayant, à sa droite, la porte en glaces de la Chambre du Roi, et à sa gauche, un couloir, communicatif avec l'appartement de la Reine, et éclairé par une fenêtre ovale, pratiquée dans la partie en voûte soutenant le plafond et qui a donné son nom de l'Œil-de-Bœuf à cette salle immense. C'était là que les courtisans venaient attendre le lever du maître. Un tableau peint par Nocret, peut rester comme l'une des plus curieuses preuves de cette espèce d'idolâtrie dont les courtisans de l'Œil-de-Bœuf entouraient Louis XIV, et à laquelle le roi se prêtait si complaisamment. Le roi est représenté, ainsi que sa famille, avec les emblèmes des divinités de l'Olympe. Louis XIV, dominant l'ensemble, est en Apollon, Marie-Thérèse en mère des Amours, Mlle de Montpensier en Diane, Monsieur en Étoile du matin qui va saluer le soleil. Henriette d'Angleterre est en Flore et Anne d'Autriche en Cybèle. Dans le fond, les trois filles du duc d'Orléans représentent les Trois Grâces, et Mademoiselle le Zéphyre. Cet étrange tableau ne rend-il pas convenable l'assertion paradoxale de Saint-Simon : « Si le roi n'avait pas peur du diable, il se ferait adorer. »

A l'une des extrémités de l'antichambre est encore aujourd'hui le petit modèle en bronze de la statue équestre de Louis XIV, sur lequel fut exécutée celle qui décore la cour du palais.

Depuis que le roi Soleil avait fixé sa résidence à Versailles, et que ses successeurs avaient cru devoir suivre son exemple, l'Œil-de-Bœuf ne s'était (en 1785) vu désert que deux seules fois : à la mort de Louis XIV et à la mort de Louis XV.

Aujourd'hui les habitants de Versailles viennent voir Paris. Avant 1789, c'étaient les Parisiens qui allaient voir Versailles.

Le dimanche, les jours de fêtes, les Parisiens, les provinciaux de passage dans la capitale, envahissaient, qui les carrabas, qui les pots-de-chambre, qui le coche d'eau, autrement dit la gaillote, qui descendait la Seine jusqu'à Sèvres. Tous couraient à Versailles pour y voir le roi, la reine, le dauphin, les princes, les princesses, la procession des cordons bleus, puis le parc, la ménagerie et les eaux. On leur ouvrait les grands appartements, mais on leur fermait les petits, qui étaient les plus riches et les plus curieux à visiter. A midi la foule se pressait dans la grande galerie pour contempler le roi se rendant à la messe, et la reine, et Monsieur, et Madame, et le comte d'Artois et la comtesse d'Artois, et on se disait à l'oreille, suivant les circonstances :

— Avez-vous vu ? le roi a ri !

— Oui, il a ri !

Ou bien :

— Le roi n'a pas l'air content !

— La reine commence à vieillir.

Au grand couvert le Parisien remarquait que le roi avait mangé de bon appétit, que la reine n'avait bu qu'un verre d'eau ; graves remarques qui fournissaient à l'entretien pendant quinze jours, et les servantes allongeaient le cou pour mieux écouter ces nouvelles. Ce dîner en public était pour Marie-Antoinette l'un des usages les plus désagréables.

« L'usage le plus anciennement établi, dit Mme Campan, voulait aussi, qu'aux yeux du public, les reines de France ne parussent environnées que de femmes, et quoique le roi mangeât publiquement avec la reine, il était lui-même servi par des femmes pour tous les objets qui lui étaient directement présentés à table. La dame d'honneur, à genoux, sur un pliant très bas, une serviette posée sur le bras et quatre femmes en grand habit, présentaient les assiettes au roi et à la reine. La dame d'honneur leur servait à boire. »

On peut imaginer aisément qu'un tel cérémonial bannissait le charme de la conversation, la gaieté, et souvent même l'appétit ; mais l'étiquette le voulait ainsi. Les huissiers laissaient entrer, sans distinction, tous les gens proprement mis, et ce spectacle faisait surtout le bonheur des provinciaux.

« A l'heure des dîners, dit encore Mme Campan, on ne rencontrait dans les escaliers que de braves gens qui, après avoir vu le Roi manger sa soupe, allaient voir les Princes manger leur bouilli, et qui couraient ensuite à perte d'haleine pour aller voir Mesdames manger leur dessert. »

Quant aux tableaux, aux statues, aux antiques qui meublaient le palais, aucun des spectateurs n'avait d'yeux pour tout cela. Parisiens et provinciaux admiraient les glaces, les dorures, le dais du trône et la quantité de plats qu'on posait sur la table royale, et les carrosses surdorés, et les cent suisses et les gardes du corps.

Mais si, durant les jours de la semaine, le bon public de la ville n'était pas admis au château, celui de la cour s'y pressait toujours en grande affluence, et la reine n'évitait pas, pour cela, ces ennuyeuses représentations qu'elle détestait si fort.

Tout ce monde doré, brodé, éclatant, allait, venait, courait dans ces immenses galeries avec un bourdonnement perpétuel. Les altesses, les grandeurs, les éminences, les excellences, les seigneurs, trottaient pêle-mêle avec les pages, les valets, les gardes, les huissiers. C'était à qui irait chez un ministre, ou à une audience princière. Un autre se glissait dans les groupes. Celui-là faisait parade de son influence passagère, celui-ci mendiait la protection du dernier valet bleu (1).

C'était, depuis l'ouverture des portes du château jusqu'à leur fermeture, un spectacle comparable à celui qu'offre l'intérieur d'une ruche d'abeilles.

Mais où la foule brillante accourait avec le plus d'empressement, c'était à l'heure du lever, dans l'antichambre du roi, dans cette pièce précédant la chambre et qui était universellement connue par son nom d'Œil-de-Bœuf. Là vivait, sans bouger, un suisse carré et colossal : gros oiseau dans une petite cage dorée. Il buvait, il mangeait, il dormait dans cette antichambre ; il n'en sortait point. Le reste du château lui était étran-

(1) Valet des petits appartements ne faisant que le service intime.

ger. Un simple paravent séparait son lit et sa table des puissances de ce monde de grandeur.

Quatre phrases étaient tout ce qu'il prononçait de sa voix puissante ; douze mots sonores remplissaient sa mémoire et composaient son service.

— Passez, Messieurs ; passez, Messieurs ! — Le roi ! — Retirez-vous ! — On n'entre pas, monseigneur !

Et monseigneur de filer sans dire un mot. Tout le monde saluait ce gardien du sanctuaire royal. Personne n'osait jamais le contredire. Sa voix chassait des nuées de comtes, de marquis et de ducs qui fuyaient devant sa parole comme le troupeau sous le claquement du fouet du gardien. Il renvoyait, sans gêne, les princes et les princesses ; il ne leur parlait que par monosyllabes. Aucune dignité subalterne ne lui imposait. Il ouvrait, pour le maître, la portière de glaces et la refermait ensuite. Le reste de la terre était égal à ses yeux.

« Quand sa voix retentit, écrivait un témoin oculaire, les pelotons épars des courtisans s'amoncellent ou se dissipent. Tous fixent leurs regards sur cette longue main appuyée sur le bouton de cristal de la porte royale ; immobile ou en action, elle a un effet surprenant sur ceux qui la regardent. Ses étrennes montent à plus de cinq cent louis d'or par an, car on n'oserait lui offrir un métal aussi vil que l'argent et personne ne songerait à éviter l'impôt. »

Le soir, l'OEil-de-Bœuf offrait un tableau moins animé. Là se tenait un petit groupe de courtisans attendant patiemment que la porte fermée s'ouvrit devant eux.

C'était les prétendants à l'honneur insigne de souper avec le roi : plus d'un avait poursuivi cette grâce pendant trente années de sa vie. Chacun, en se présentant à l'OEil-de-Bœuf, se flattait d'une espérance qui ne s'éteignait jamais, quoique bien souvent trompée.

Au bout de deux heures d'attente, cette porte adorée et pressée dans un tremblement respectueux, s'entr'ouvrait sous la main du cerbère ; un huissier de la chambre paraissait avec une liste à la main et criait sept ou huit noms au milieu du plus attentif et du plus anxieux silence. Les élus, les bienheureux, les favorisés de l'attention royale entraient ou plutôt se glissaient dans l'étroit et envié passage; puis le suisse refermait froidement la porte au nez des autres, qui, faisant semblant de se consoler de cette disgrâce, s'en allaient le chagrin et le désespoir dans le cœur.

« L'OEil-de-Bœuf, a dit Mercier, est la chambre où l'on se tient toujours debout, et d'où l'on peut aller partout sans s'asseoir nulle part. Un courtisan qui a quatre-vingts ans en a bien passé quarante-cinq, là, sur ses pieds, à attendre la sortie du roi, à quêter un sourire ou une parole bienveillante. »

Il était neuf heures du matin ; la chaleur était plus accablante encore que les jours précédents, et cependant la foule des courtisans parés, coiffés et poudrés, étouffant sous le harnais doré et sous la perruque, se pressait dans l'antichambre dont l'atmosphère s'épaississait de minute en minute. C'était trois semaines après les derniers événements que nous avons rapportés.

Les conversations animées, échangées dans l'OEil-de-Bœuf, formaient un murmure confus qu'interrompait, de temps à autre, un silence subit et profond. C'était lorsque le suisse, la main appuyée sur le bouton de cristal, se baissait pour approcher son oreille de la serrure: manœuvre que le compatriote de Guillaume Tell exécutait régulièrement à intervalles égaux, avec un calme parfait. Puis, lorsque le cerbère redressait sa tête, blanchie plus par la farine que par les ans, et reprenait son immobilité, les paroles demeurées suspendues sur toutes les lèvres, s'échappaient de nouveau médisantes et pressées et le murmure recommençait.

Près de la porte de la grande galerie des glaces, appuyé contre le chambranle, se tenait un personnage revêtu d'un uniforme constellé de cordons et de croix. Autour de lui, formant un demi-cercle, étaient groupés plusieurs gentilshommes, lesquels, par le respectueux empressement qu'ils témoignaient à celui qu'ils entouraient, décelaient sa situation importante à la cour.

Au moment où l'un de ces instants de silence causés par la pantomime du suisse, faisait ressembler l'Œil-de-Bœuf à une salle du Palais de la Belle au bois dormant, un jeune seigneur, mis avec une extrême recherche, tenant, sous le bras, son tricorne galonné et chiffonnant son jabot d'une main aristocratique, se glissa par la porte.

En apercevant le personnage qui dominait la petite assemblée, le gentilhomme s'inclina et lui tendit familièrement la main.

— Comment se porte l'une de nos gloires nationales? demanda-t-il en souriant. Cher monsieur de Suffren, il est rare de vous rencontrer dans l'antichambre du roi !

— Mais vous-même, monsieur le duc de Lauzun, répondit l'illustre marin, devenez de moins en moins assidu à l'Œil-de-Bœuf.

— Le roi ne m'aime pas, répondit le duc.

— Dites que vous préférez le séjour du Palais-Royal à celui de Versailles.

Le duc sourit sans répondre.

— A propos, reprit-il, avez-vous des nouvelles du procès?

— Hélas oui, répondit le bailli.

— Oh ! oh ! je vois à votre air chagrin que les choses vont mal !

— Fort mal pour mes pauvres amis !

— Quoi ! auraient-ils avoué ?...

— Rien, mais les circonstances parlent pour eux !

— Quand le prononcé du jugement aura-t-il lieu ?

— Demain, probablement !

Le bailli de Suffren étouffa un soupir.

— Les croyez-vous donc innocents ? demanda M. de Lauzun.

— Sans aucun doute, répondit le bailli.

— Cependant je les ai vus tous deux dans la chambre où ils venaient d'accomplir leur dernier forfait ! M. de Niorres ne venait-il pas de surprendre le vicomte assassinant son dernier petit-fils ?

— M. de Renneville a donné l'explication de ce fait, répondit vivement le bailli.

— Mais, reprit le duc, cette explication est-elle admissible ? Pourquoi avait-il un pistolet à la main ? Enfin, pourquoi ces deux hommes se trouvaient-ils, cette nuit-là, dans les appartements de l'hôtel de Niorres ?

— Le valet, qui se prétend leur complice, n'a-t-il pas suffisamment expliqué cette présence en déclarant que MM. d'Herbois et de Renneville voulaient enlever celles qu'ils aimaient ?

— Eh ! mon cher amiral, c'est précisément cet amour qui les condamne, car il prouve l'intérêt qu'ils avaient à accomplir ces crimes !

— Cela est vrai ! murmurèrent plusieurs voix.

Le bailli secoua la tête.

— Ils sont innocents ! dit-il.

— Les preuves de cette innocence ? demanda le duc.

— Eh ! répondit le bailli avec impatience, si je les avais, pensez-vous que j'eusse attendu jusqu'ici, pour les donner ?

— Vous voyez bien alors que vous raisonnez d'après une conviction morale toute personnelle.

— Jamais je n'admettrai que Charles et Henri soient aussi infâmes ! Non ! non ! Messieurs ! J'ai eu trop de preuves de leur loyauté, de leur courage, de leur intrépidité pour admettre la possibilité d'une semblable accusation. Il y a évidemment dans cette affaire un mystère que nous ignorons, et qui, bien certainement, se transformera en vérité lumineuse.

— Dieu veuille alors que cette transformation ne s'accomplisse pas trop tard, monsieur le bailli ; mais j'avoue que je doute que la cour criminelle envisage les choses à un point de vue favorable pour vos protégés.

— Je parie que vous parlez du procès d'Herbois et de Renneville, dit un nouveau personnage, qui venait de se mêler au groupe.

— Tiens ! Cadore ! dit le duc de Lauzun en tendant la main au jeune baron. Tu vas bien ? Eh oui ! nous parlions du procès qui se juge en ce moment au Châtelet. Aurais-tu des nouvelles ?

— Toutes fraîches.

— Bah ! est-ce que le jugement est rendu ?

— Non, pas encore, mais chacun prévoit l'arrêt.

— Ils seront condamnés, n'est-ce pas ?

— C'est évident !

— Morbleu ! fit le bailli de Suffren en fermant les poings avec un geste énergique.

— Que voulez-vous, monsieur l'amiral ? Ils sont coupables ! Toutes les preuves sont contre eux ? Et, tenez ! continua le baron en se tournant vers un jeune gentilhomme qui venait également d'entrer dans l'antichambre, voici le comte de Sommes qui, certes, peut passer pour un zélé partisan des accusés, car il s'est donné ouvertement assez de mouvement pour adoucir leur sort. Il a suivi toutes les phases du procès, et, quoi qu'il en dise, il est, dans sa conscience, parfaitement de mon avis, j'en réponds! N'est-ce pas, comte?

M. de Sommes arrivait et il salua le bailli de Suffren, qui fit un mouvement vers lui.

— Monsieur, dit l'amiral en s'adressant au comte de Sommes, je sais tout ce que vous avez fait pour mes malheureux officiers, et je vous en remercie du fond du cœur, car quelle que soit l'opinion générale, je les tiens, moi, pour des hommes incapables d'une infamie!

— C'est aussi parce que telle est mon opinion, Monsieur, répondit le comte, que je devais faire ce que j'ai fait. Malheureusement, mes efforts sont demeurés impuissants!

— Quoi! dit le bailli en frissonnant. Les choses en sont-elles à ce point, que tout soit perdu?

— Je le crains. Depuis deux audiences, le marquis d'Herbois et le vicomte de Renneville s'obstinent à garder un absolu silence ; or, ce silence équivaut à un aveu en présence des accusations terribles qui les écrasent. Ce silence, c'est leur condamnation.

— Ils ont refusé de parler, dites-vous?

— Oui, Monsieur, obstinément refusé.

— Mais pourquoi? Quel motif ont-ils donné?

— Aucun!

— Ils ne peuvent se déclarer innocents et ils ne veulent pourtant pas s'avouer coupables, c'est clair! fit observer le baron de Cadore.

— Evidemment! dirent quelques voix.

Le bailli de Suffren passa sa main sur son front:

— Je ne comprends rien à ce que vous me dites, fit-il.

— Ecoutez, Monsieur, reprit le comte. Pour bien comprendre, il faut que vous connaissiez le procès dans tous ses détails. J'en ai suivi la marche pas à pas. Vous savez qu'il y a quatre jours seulement que le procès a été porté devant la cour.

Le premier jour, consacré aux formalités d'usage, à la lecture de l'acte d'accusation et aux interrogatoires généraux, le marquis et le vicomte ont répondu à toutes les questions avec une netteté et une dignité qui, tout d'abord, a disposé l'auditoire en leur faveur.

Sur un seul point, ils ont refusé de donner un éclaircissement : c'était à propos de leur présence la nuit dans l'hôtel de Niorres, mais la cour a passé outre sans insister.

Le second jour les interrogatoires ont continué, et les accusés ont tout nié, avec un tel accent de sincérité et de conviction véritable, que, plusieurs fois, des manifestations bruyantes se sont élevées en leur faveur.

Ils ont rappelé, avec une noble modestie, leur existence militaire : ils ont parlé de combats auxquels ils avaient assisté, des périls qu'ils avaient bravés, et, faisant un rapprochement entre les témoignages publics d'estime que leur avaient donnés leurs chefs et l'accusation infâme qui pesait sur eux, ils ont redressé fièrement la tête, rejetant cette accusation avec un accent de mépris qui a excité l'enthousiasme général.

Je vous avoue qu'alors je croyais leur cause gagnée : j'étais heureux, moi, qui l'avant-veille encore, les avais laissés tristes et désespérés, moi qui craignais, en voyant surtout l'abattement du vicomte, qu'ils eussent recours au suicide pour échapper à leur horrible situation.

Mais M. d'Herbois, dont le courage n'a pas un instant

faibli, avait su sans doute combattre le désespoir de son ami et lui rendre des forces pour l'instant de la lutte.

Je quittai l'audience, l'espérance au cœur. Hélas! je ne songeais pas à ce qui pouvait avoir lieu le lendemain.

Avant-hier, je retournai à la cour. Oh! lesouvenirde cette journée épouvantable ne sortira jamais de mon esprit! L'interrogatoire des accusés était terminé : on allait entendre les dépositions des témoins.

Ces dépositions furent accablantes!

Pour établir la situation précaire du marquis et du vicomte, pour établir l'intérêt qu'ils avaient eu à commettre les crimes dont on les chargeait, on avait fait mander tous ceux qui pouvaient prouver l'état dans lequel se trouvaient leurs affaires personnelles.

Plus de dix usuriers vinrent déposer : l'un, entre autres, tout en s'efforçant de servir les deux jeunes gens, fit les révélations les plus aggravantes. Celui-là se nommait M. Roger. Bref, de cette première instruction ressortit un chiffre de plus de quatre cent mille livres, comme montant des dettes des accusés, et eux-mêmes déclaraient n'avoir aucun patrimoine.

Comment pouvaient-ils espérer payer ces chiens qui aboyaient hautement après leurs chausses. Tous les usuriers déclarèrent, sans hésiter, qu'ils n'avaient point agi rigoureusement depuis trois mois dans l'espérance unique des mariages arrêtés.

Un reçu de quatre mille livres, signé par le marquis et par le vicomte, prouva, de la façon la plus incontestable, qu'eux-mêmes avaient engagé l'avenir de ces unions.

Or, Mlle de Niorres n'ont rien de leur chef et elles ne pouvaient posséder, qu'en héritant des malheureuses victimes!

Cette déclaration terrible produisait un effet foudroyant sur l'assistance, et les deux accusés baissèrent la tête.

Puis, vint la déposition accablante de M. de Niorres, lequel déclarait nettement avoir surpris l'un des accusés commettant son dernier crime !

L'auditoire frissonnait.

Ensuite, on donna lecture de notre déclaration, c'est-à-dire de celle signée par le duc de Lauzun, le marquis Camparini, M. Lenoir et moi, déclaration dans laquelle nous disions avoir vu les deux accusés dans la chambre de Mme de Versac, en présence des trois cadavres.

Jusqu'alors, je l'avoue, j'espérais encore. L'affaire des usuriers ne pouvait, à la rigueur, que prêter à une interprétation, notre déposition ne précisait rien et celle de M. de Niorres pouvait être combattue, puisqu'elle était unique, mais il en était une bien autrement accablante !

Un homme fut introduit : cet homme était un valet du conseiller de Niorres, nommé Georges.

Accusé lui-même de participation au crime, il fit des aveux d'une précision effrayante.

Il déclara être depuis longtemps le complice des deux accusés et il entra dans des détails horribles sur les précédents crimes, s'en reconnaissant l'auteur, mais disant qu'il n'avait agi qu'à l'instigation du marquis et du vicomte. Il avait été le bras qui frappait, eux la tête qui combinait les crimes.

Il avait empoisonné, mais le marquis et le vicomte lui avaient fourni le poison.

Tout ce qu'il disait était si net, si clair, si précis, qu'il ne restait aucune question à lui adresser.

Il ajouta que la nuit fatale, il avait aidé le marquis

et le vicomte à tuer M. et Mme de Nohan, qu'il avait mis le feu aux bâtiments, toujours sur l'ordre de ses complices, et qu'ensuite, et tandis que ceux-ci devaient tuer Mme de Versac et les deux enfants, il etait allé les attendre dans un endroit convenu et où tous les moyens de fuite étaient préparés.

C'était là, en effet, qu'il avait été arrêté.

Il reconnaissait encore avoir pris l'empreinte de la serrure de la porte du jardin et avoir remis cette empreinte au marquis d'Herbois, lequel avait fait faire une fausse clef qui devait servir à l'accomplissement des crimes.

En entendant cet homme, un frémissement d'indignation avait parcouru toute la salle d'audience.

Le marquis et le vicomte s'étaient tout d'abord dressés et avaient tenté de l'interrompre, mais la cour leur avait imposé silence.

Alors, soit qu'il fussent accablés sous le poids de ces accusations terribles, soit qu'ils se reconnussent impuissants pour lutter contre le destin qui les écrasait, ils retombèrent sur leur siège et demeurèrent dans un mutisme absolu.

C'est à partir de cet instant qu'ils ont obstinément et absolument refusé de répondre.

Le procès se continue cependant, les accusations se dressent menaçantes et ils se renferment dans un silence absolu.

— C'est qu'ils sont coupables ! dit le baron de Cadore.

— Demain, fit le comte de Sommes, la cour criminelle nous le dira.

— Il est bien évident, dit Lauzun, qu'ils seront condamnés, surtout s'ils ne parlent pas. Qui les défend ?

— Personne ; ils ont refusé les avocats.

Le bailli de Suffren avait écouté le comte de Sommes avec un profond recueillement.

— Monsieur le comte, demanda-t-il brusquement, les croyez-vous coupables, vous ?

Le comte secoua la tête :

— Que vous dirai-je ? répondit-il. J'étais convaincu de leur parfaite et entière innocence, mais que penser en présence de ces accusations si formidablement écrasantes ? que supposer en voyant la contenance des accusés et le silence obstiné dans lequel ils se renferment ? Ce silence n'est-il pas, lui-même, une accusation nouvelle ?

Le bailli frappa du pied le parquet.

— Eh bien, moi, dit-il, je les crois innocents et la preuve, c'est que dans l'audience que Sa Majesté a bien voulu m'accorder pour ce matin, je plaiderai leur cause et je demanderai la justice qui leur est due !

— Ah ! fit le comte de Sommes dont l'œil étincela soudain.

Le suisse se baissa alors vers la porte royale et toutes les conversations cessèrent instantanément : mais une nouvelle déception suivit cette manœuvre, et la porte demeura close.

L'Œil-de-Bœuf était réellement encombré au point qu'il eût été impossible à la plupart des groupes formés dans l'antichambre de se disjoindre. La foule était compacte, et chacun gardait scrupuleusement sa place dans l'espérance, au moment décisif, de rencontrer plus promptement le regard du monarque.

Des valets bleus circulaient lentement au milieu de ces gentilshommes, qui s'empressaient de leur livrer passage.

L'un d'eux, qui était entré depuis peu de temps et paraissait chercher dans la foule, se dirigea vers le bailli de Suffren.

— Monseigneur, dit-il en s'inclinant profondément, il y a dans la cour de Marbre, un homme qui invoque votre nom pour pénétrer dans le château...

— Qui cela ? demanda l'amiral avec étonnement.

— Le valet qui est venu m'informer ne m'a pas dit le nom de ce personnage qui, à ce qu'il paraît, fait un scandale abominable.

— Un homme qui invoque mon nom fait un scandale dans le palais du roi ! dit l'amiral en se redressant. Cela ne peut pas être.

— Je demande pardon à monseigneur, mais cela est. Cet homme s'est présenté à toutes les portes du château, et comme naturellement on lui refusait l'accès, il a employé la violence et, c'est en battant un suisse et deux gardes, qu'il est arrivé jusque sur le seuil du grand vestibule. Là, les gardes suisses l'ont voulu arrêter, mais il a opposé une résistance désespérée. Cependant, on en fût venu à bout, seulement comme il ne cessait de parler de vous, monseigneur, et de crier qu'il voulait vous voir, que vous l'attendiez et que, fussiez-vous avec Sa Majesté, il vous verrait, on n'a pas osé l'arrêter sans venir prendre vos ordres.

— Je vais voir ce que veut cet homme et qui il est, répondit le bailli de Suffren en quittant l'Œil-de-Bœuf.

Le valet bleu s'inclina de nouveau et se retira discrètement après avoir rempli sa mission.

M. de Suffren traversa la grande galerie des Glaces et se dirigea vers l'escalier d'honneur.

Comme il descendait les premières marches de

marbre, il entendit un grand bruit arriver jusqu'à lui : c'était des cris, des imprécations, des jurons d'une énergie inconnue à Versailles, puis des bruissements sourds comme ceux causés par la lutte d'un homme contre plusieurs autres.

Le comte de Sommes, qui causait avec le duc de Lauzun et le baron de Cadore, n'avait pas perdu un mot cependant de la conversation rapide échangée entre l'amiral et le valet bleu. Cessant peu à peu de se mêler à l'entretien, il fit un pas en arrière et se laissa séparer du duc et du baron par un flot de courtisans qui circulait lentement.

Libre de ses actions, le comte sortit vivement de l'Œil-de-Bœuf et il entra dans la galerie des Glaces au moment où le bailli de Suffren, dont il avait suivi tous les mouvements, achevait de la parcourir. Alors, se glissant avec une insouciance apparente le long des grandes fenêtres, il suivit rapidement la direction prise par l'amiral sans que celui-ci pût se douter un seul instant qu'il était espionné.

XIII

LE GABIER

M. de Suffren se hâta de descendre vers le lieu d'où partait ce bruit, si peu en harmonie avec la majesté de la demeure royale. Au milieu d'un groupe de valets, de gardes et d'huissiers, il aperçut, se débattant, poussant, bousculant, un homme revêtu du costume des matelots de la marine militaire. L'amiral portait au plus haut point l'amour de sa noble profession, et tout ce qui touchait à la marine avait le don de lui remuer profondément le cœur. Aussi, en voyant ce matelot se débattre au milieu de cette foule de gens de terre, oublia-t-il ce que lui avait raconté le valet bleu ; il ne vit qu'un marin molesté par des domestiques, et élevant brusquement la voix :

— Drôles ! s'écria-t-il, osez-vous bien assaillir un matelot du roi !

Cette intervention inattendue produisit, dans le groupe, l'effet de la foudre. Chacun se recula spontanément, et le matelot demeura seul au milieu d'un cercle.

— Eh ! bien ! tas de terriens ! s'écria-t-il en accompagnant ces paroles d'une effroyable série de jurons. Eh bien ! faillis chiens ! je vous l'avais bien dit que je verrais mon amiral et que je relèverais son point, quand il serait sur la galerie de l'arrière avec sa Majesté le roi en personne naturelle !

Puis se tournant vers le bailli de Suffren :

— As pas peur, mon amiral ! continua-t-il ; c'est moi, Mahurec, vote gabier d'artimon, avec des avaries dans la coque, mais encore solide sur sa quille !

En reconnaissant le gabier pour lequel il avait une estime sincère, M. de Suffren s'était avancé plus vivement :

— C'est encore toi ! dit-il d'un ton brusque, moitié satisfait, moitié mécontent.

— Encore moi ! répondit Mahurec ; c'est pas aimable, ça, mon amiral, mais je n'ai pas couru une bordée de longueur pour nous dire des amabilités...

L'amiral regardait le matelot avec une attention soutenue et un étonnement manifeste. Un grand changement, en effet, s'était opéré dans le gabier depuis le jour où, dans la cour des ministres, il avait déjà forcé la consigne pour s'élancer après la voiture du bailli de Suffren. C'était le même torse herculéen, la même carrure d'épaules, les mêmes membres dégingandés, la même physionomie franche et expressive, mais le corps avait maigri, mais les bras n'étaient plus aussi formidables, mais les traits du visage étaient profondément altérés par une souffrance intérieure, mais les tons chaudement basanés de la peau avaient fait place à une pâleur marbrée, dénotant une perte de sang abondante.

Le matelot soutint sans sourciller le regard investigateur qui pesait sur lui.

— Qu'as-tu donc ? demanda enfin le bailli, tu es changé ! Es-tu malade ?

— Je sors de mon cadre d'infirmerie où m'avaient affalé deux avaries majeures, répondit Mahurec. Il n'y a que de ce matin que je suis radoubé à reprendre la mer ; aussi je m'ai pomoyé jusqu'ici en carriole ; mais, n'empêche! c'est pas de moi qu'il s'agit. J'ai à vous larguer deux mots dans le pertuis de l'entendement, mon amiral, et quand je demande ma route pour venir dans vos eaux, voilà cette volée de terriens qui se lâche sur moi pis qu'une bordée de pirates! Tonnerre de Brest! je...

Un geste impérieux du bailli de Suffren arrêta, sur les lèvres du matelot, la phrase prête à en sortir, et Mahurec demeura le poing levé et parcourant d'un regard menaçant le cercle des valets, des gardes et des huissiers.

Mahurec se contentait de grommeler intérieurement sans oser entraver la muette défense de son chef. M. de Suffren fit signe aux valets et aux gardes de s'éloigner; puis, s'approchant du gabier, il lui appuya la main sur l'épaule et le poussa assez rudement vers la porte donnant sur la cour de Marbre.

— Va! dit-il.

Mahurec obéit à l'impulsion donnée, et accompagna son amiral dans la cour. La cour des Ministres était, comme toujours, encombrée d'équipages de toutes espèces, de carrosses et de chaises à porteur ; mais la cour de Marbre était à peu près solitaire. M. de Suffren entraîna Mahurec dans un angle désert, et se plaçant en face de lui :

— Voyons, matelot, dit-il d'une voix brusque, et qui cependant n'avait rien de sévère, qu'as-tu? que veux-tu?

— J'ai... je veux... j'ai que je ne suis pas content ! dit brusquement le matelot après avoir hésité un moment, et comme s'il obéissait à une résolution fortement arrêtée.

— Pas content? De quoi? de qui? fit M. de Suffren.

— De vous! mon amiral.

Et Mahurec demeura immobile, les yeux baissés et la main au chapeau.

— Hein ? fit le bailli avec surprise.

— Oui, reprit le gabier, qui, de pâle, était devenu rouge d'émotion. Je suis pas content, mon amiral, parce que, tandis que vous courez des bordées là-haut avec tous vos terriens empanachés, il y a à cette heure deux braves cœurs qui vous sont dévoués et qui pourrissent dans une prison ! Ah ! tonnerre ! continua le gabier en s'exaltant subitement, mes lieutenants au cachot ! Et dire qu'il n'y a pas tant seulement, dans ce Paris de malheur, une bordée de vrais matelots pour faire un chambernement général et tordre le cou à ceux qui...

— C'est donc pour me parler du marquis et du vicomte que tu es venu à Versailles ? interrompit l'amiral.

— Tiens ! pourquoi donc que je serais venu alors ?

— Mais pourquoi n'es-tu pas venu plus tôt ? Il y a plus d'un mois que Charles et Henri sont arrêtés ! qu'as-tu fait pendant ce temps ?

— Rien ! j'étais affalé dans mon hamac, plus bête qu'un poulet à qui votre maître coq aurait coupé le cou !

— Tu étais donc malade ?

— J'avais du plomb dans la flottaison.

— Tu as été blessé ?

— Oui, mon amiral !

— Où ? comment ? quand ?

— Dans les jardins de cet hôtel de malheur, où mes lieutenants n'auraient jamais dû se laisser remorquer !

— Tu as été blessé dans les jardins de l'hôtel de Niorres ? dit M. de Suffren avec un étonnement profond.

— Oui, mon amiral !

— Par qui ?

— Ah ! voilà ; j'en sais rien !

Le bailli se rapprocha du matelot.

— Voyons, dit-il, qu'est-ce que cela signifie? Explique-toi !

— J'ai tout expliqué, répondit Mahurec ; je n'en sais pas davantage.

M. de Suffren réfléchissait. Puis, reprenant la parole après un moment de silence, il pressa Mahurec de questions, et parvint à se faire raconter en détail le commencement de la fatale soirée.

Malheureusement, Mahurec ne pouvait apporter aucun éclaircissement favorable pour les accusés. Il ne se rappelait que ce qui s'était passé entre lui et ses lieutenants jusqu'à l'heure où ceux-ci l'avaient laissé en sentinelle à la petite porte du jardin. Aux premières lueurs de l'incendie, il avait quitté son poste et s'était élancé vers les bâtiments ; mais, au moment où il atteignait la pelouse, il était tombé frappé de deux balles, sans savoir quelle était la main qui avait tiré sur lui. Depuis cet instant, il ne se souvenait de rien. Durant huit jours, il était resté étendu sur un mauvais lit en proie à une fièvre violente ; puis, grâce aux soins dont il avait été entouré, il était revenu peu à peu à la vie ; mais, dans la crainte sans doute de lui causer une commotion trop douloureuse, ses amis lui avaient caché la situation de MM. d'Herbois et de Renneville. Ce n'était que la veille au soir seulement qu'on lui avait tout raconté.

En apprenant l'accusation qui pesait sur ses lieutenants, en les sachant en jugement et accablés par toutes les preuves les plus flagrantes d'une culpabilité avérée, le gabier n'avait écouté que son affection pour les prétendus coupables. Certain de leur innocence, il avait senti son sang se glacer dans ses veines en entendant dire que cette innocence était méconnue, et, repoussant tout avis contraire, il avait résolu de venir trouver son amiral pour le prier de sauver ses lieutenants.

Le matelot, ignorant des choses et des usages de la terre, regardait son amiral comme le premier homme du royaume après le roi, et il ne doutait pas qu'un mot du bailli de Suffren ne suffît pour tirer, le marquis et le vicomte, de l'horrible situation dans laquelle ils se trouvaient. Aussi, avait-il osé témoigner son mécontentement envers son amiral, qu'il accusait d'abandonner ses lieutenants. Le bailli avait écouté Mahurec avec un recueillement profond. A mesure que le gabier parlait, une déception pénible se peignait sur les nobles traits de l'illustre marin. En voyant Mahurec, en apprenant qu'il avait passé la soirée avec le marquis et le vicomte, quelques heures avant les terribles événements, M. de Suffren avait espéré tirer, de son interlocuteur, quelques indices qui pussent le mettre sur la voie des preuves d'innocence à donner en faveur des accusés. Malheureusement, il n'en avait rien été.

— Eh bien! mon amiral? fit Mahurec en voyant le pénible silence que gardait son chef.

— Eh bien! répéta l'amiral avec une colère sourde, que veux-tu que je fasse?

— Ce que je veux que vous fassiez? s'écria le matelot; mais je veux... je veux que vous fassiez rendre justice à mes lieutenants. Je veux que tous ces terriens baissent devant eux leur nez crochu; je veux qu'ils s'en aillent à Brest et moi avec!

— Mon pauvre matelot! fit le bailli en secouant la tête, Charles et Henri sont entre des griffes qui ne les lâcheront pas ainsi! Les malheureux se sont mis dans la situation la plus terrible. Tout est contre eux!

— Tout! dit Mahurec en reculant.

— Tout ! répéta le bailli. Pour tous ils sont coupables ! Ils seront condamnés.

Mahurec devint d'une pâleur effrayante : ses sourcils se contractèrent violemment, ses poings se serrèrent, et ses yeux s'injectèrent de sang.

— Condamnés ! répéta-t-il d'une voix rauque. Condamnés !... eux !... mes lieutenants !... Condamnés comme empoisonneurs !... comme assassins !... Oh ! mon amiral !

Il y avait dans cette dernière exclamation du gabier une éloquence de sentiments tellement admirable que le bailli de Suffren en fut frappé. Il regarda le pauvre homme qui chancelait et lui prit à la fois les deux mains.

— Mahurec ! Matelot ! dit-il effrayé de la décomposition du visage du gabier.

— Mon amiral ! reprit Mahurec d'une voix si émue qu'elle ressemblait au râle d'un mourant, mon amiral ! je vous ai sauvé trois fois la vie... vous me l'avez dit quelques fois ; mais moi, c'est la première fois que je vous le rappelle... J'ai reçu pour vous trois blessures profondes... vous savez ?... Je ne vous ai pourtant jamais rien demandé... mais... à cette heure, c'est une dette qu'il faut me payer, mon amiral ! Donnez-moi la vie de mes lieutenants, leur liberté... et comme je vous devrai du retour... je me ferai tuer, pour vous, à la première campagne ! Je le jure sur la sainte Vierge de Bon-Secours, la patronne des vrais gabiers !

Mahurec avait la tête haute : deux larmes brillaient dans ses yeux et roulèrent sur ses joues brunies par le hâle de la mer et le soleil des tropiques, et pâlies par la souffrance et par l'émotion.

Le bailli de Suffren se connaissait en hommes, et il savait apprécier toutes les grandeurs d'âme. Ces deux larmes qui s'échappaient de deux yeux qui ne s'étaient jamais détournés ni devant la colère de Dieu, ni devant celle des hommes, qui avaient toujours regardé en face la tempête et le navire ennemi, ces deux larmes, glissant lentement sur cette peau rude qui avait été si souvent noircie par la poudre et rougie par le sang, firent, sur le vieux marin, un effet auquel il ne chercha pas à se soustraire.

— Matelot ! dit-il d'une voix grave, je voulais plaider moi-même la cause du marquis et celle du vicomte. Le roi m'a accordé une audience... Voici l'heure, viens avec moi ! Louis XVI sera heureux de voir l'homme que je lui présenterai comme le meilleur matelot de ses flottes... Tu parleras au roi pour tes lieutenants !... Viens !

XIV

PAUVRE MÈRE

Le soir du jour où nous avons conduit le lecteur dans l'antichambre royale ; maître Bernard, le teinturier de la rue Saint-Honoré, le père désolé de la jolie mignonne, achevait tristement de fermer la devanture de sa modeste boutique.

Ce travail accompli et la dernière clavette passée dans le dernier boulon, il repoussa la porte de la rue, traversa son petit magasin en étouffant un soupir, et il gravit les marches de l'escalier en colimaçon qui conduisait à la chambre de sa femme.

La pauvre Mme Bernard, dont le temps écoulé, loin d'adoucir la douleur, avait augmenté le désespoir, n'avait pas recouvré les forces ni la santé depuis l'événement déchirant qui était venu troubler sa vie. Elle était dans son lit, malade, épuisée, ne se soutenant encore que par un reste d'espoir. Près d'elle étaient assis quatre personnages, c'étaient Mme Lefebvre, son mari et Gorain et Gervais, revenus seulement à Paris la veille au soir.

Depuis un mois que Fouché, Brune, Nicolas et Jean étaient partis, les tourments des parents de la jolie mignonne n'avaient fait que s'accroître de jour en jour. Espérant chaque matin, et, voyant le soir, cette lueur d'espérance qui s'était élevée avec le soleil fuir avec lui et se transformer en déception amère, ils avaient senti s'écouler chaque heure dans les horribles angoisses d'une vaine attente. Le temps se passait, et ils ne recevaient aucune nouvelle.

— Ma fille est morte ou perdue pour nous à jamais, et M. Fouché n'ose pas nous rapporter cette affreuse nouvelle ? disait la pauvre mère en fixant, sur son mari, ses yeux rougis et secs, car depuis longtemps la douleur avait tari les larmes.

Le pauvre Bernard, en voyant l'état horrible dans lequel était sa femme, s'efforçait de balbutier quelques paroles d'espérance auxquelles il ne croyait pas lui-même, puis il courbait la tête sous le regard clair de la malade, et il se détournait pour lui cacher son désespoir.

Cette petite boutique, jadis si gaie, si animée, si prospère, devenait chaque jour plus triste, plus morne, plus déserte.

M⁽ᵐᵉ⁾ Bernard était au lit ; Jean, le garçon teinturier, était parti avec Fouché ; Bernard demeurait seul. Les soins à donner à sa femme, la douleur qui l'accablait avaient rapidement triomphé des exigences du commerce. Les commandes étaient mal prises, mal exécutées, jamais livrées à temps. Les pratiques, qui avaient d'abord compati aux maux du teinturier, oublièrent bientôt la situation du malheureux père pour se plaindre aigrement du marchand négligent et inexact.

Bernard, le cœur brisé, le cerveau exalté, répondit aux reproches par des paroles amères. Les clients se fâchèrent, et peu à peu la boutique devint veuve de ses pratiques les plus assidues et les plus vivifiantes. Bernard ne se plaignit pas ; ne s'apercevant pas du mauvais état de ses affaires, il était plus libre, et cette liberté de tous les instants, qui lui permettait de se consacrer davantage à sa femme et à sa douleur, lui sembla un bienfait de la Providence, une sorte de consolation à ses maux.

Le bonhomme ouvrait la boutique le matin et la refermait le soir, mais il agissait plus par habitude que par nécessité, car aux rares clients qui se présentaient, il répondait qu'il n'avait plus ni le temps de s'occuper d'affaires, ni le cœur disposé à se consacrer au travail.

Mᵐᵉ Bernard, qui n'avait plus assez de forces physiques pour se soutenir debout, ignorait absolument ce qui se passait en dehors de sa chambre ; d'ailleurs la pauvre mère ne s'en préoccupait pas. Toutes ses pensées étaient pour l'enfant disparu. Que lui importait le reste ? Elle sentait bien que si la jolie mignonne ne lui était pas rendue, que si tout espoir de la retrouver était à jamais perdu, elle ne survivrait pas à la cruelle catastrophe qui l'avait privée de son unique enfant chérie.

M. et Mᵐᵉ Bernard n'avaient jamais vu Lefebvre ni sa femme jusqu'au moment du départ de Fouché. Un hasard les avait rapprochés, une circonstance bien simple avait servi entre eux d'intermédiaire. Lorsque Hoche avait transporté Mahurec chez Mᵐᵉ Beauvais, la vieille femme qui avait pris soin du blessé, le gabier perdait son sang avec une rapidité inquiétante. Bientôt le linge avait manqué pour panser les plaies, et comme l'argent faisait plus défaut que la bonne volonté, il ne fallait pas songer à en acheter. Hoche pensait déjà courir à Versailles chez sa tante ou chez la mère Lefebvre, mais ce voyage exigeait plusieurs heures et le pauvre garçon était fort embarrassé, lorsqu'il se rappela les patrons de son ami Jean. Il se rendit chez eux et obtint ce qu'il désirait. Là, il parla naturellement de Mahurec et des événements de l'hôtel de Niorres.

De retour auprès du matelot, il raconta les douleurs du teinturier et de sa femme, et lorsque Mme Lefebvre vint s'installer selon sa promesse au chevet du blessé, elle fut mise au courant des aventures de la jolie mignonne qu'elle connaissait en partie.

Mme Lefebvre avait un cœur excellent : le désespoir de Mme Bernard l'intéressa au plus haut point, et, à son premier moment de liberté, elle se fit conduire, par Hoche, chez les pauvres parents désolés. La sympathie fit le reste.

Le jour où nous entrons dans la chambre de la teinturière, Mme Lefebvre voyant Mahuree à peu près guéri, l'avait laissé sur la route de Versailles et était venue s'installer chez la malade. En arrivant, elle avait trouvé Bernard et sa femme en proie au plus violent chagrin : Gorain et Gervais étaient revenus à Paris la veille au soir, et non-seulement ils n'avaient pu donner aucune nouvelle sur la jolie mignonne, mais il ne savaient même pas ce qu'étaient devenus Fouché, Brune, Jean et Nicolas.

Les deux bourgeois avaient voulu entrer dans des détails circonstanciés sur leur voyage et faire le récit intéressant des tribulations sans nombre qui les avaient assaillis, mais Bernard et sa femme, tout entiers à la douleur que leur apportait une déception nouvelle, n'avaient rien entendu alors qu'on ne parlait plus de leur fille, et Gorain et Gervais en avaient été pour leurs frais oratoires.

— Quoi ? s'était écriée la mère Lefebvre, ces nigauds-là ne vous ont rien appris ! Pourquoi n'ont-ils pas été jusqu'au bout ? Qui est-ce qui les a forcés à s'arrêter en route.

— Ils ont parlé de bandits... d'arrestation, je crois, dans une forêt, dit Bernard.

— Arrêtés, eux, par des bandits ! Allons donc ! Je connais votre garçon, je connais Nicolas : deux gaillards qui ne bondent pas ! Ils ne se seraient pas laissés arrêter comme des oisons. D'ailleurs, qu'est-ce qu'ils sont devenus, eux ? Voilà ce qu'il faut savoir avant de vous désespérer complètement.

Lefebvre, survenu, avait été de l'avis de sa femme, et le résultat de cette petite conférence, fut d'envoyer quérir MM. Gorain et Gervais, avec prière instante de venir raconter leurs aventures à des amis du teinturier.

Les deux bourgeois, qui, depuis leur retour, étaient les héros du quartier et ne tarissaient pas en récits de tous genres, avaient saisi, avec empressement, cette occasion nouvelle de faire parade de leurs exploits lointains.

Au moment où nous les retrouvons, ils étaient déjà arrivés depuis plus d'une heure et ils avaient raconté à leur façon, mais en entrant dans les moindres détails, les incidents de leur voyage depuis leur départ jusqu'à l'instant où la berline avait été attaquée dans la forêt de Camphon.

Ils en étaient à ce point important de leur narration.

— De sorte, interrompit brusquement la mère Lefebvre, que vous avez laissé vos compagnons aller se battre tout seuls et que vous n'avez même pas su empêcher les prisonniers de se sauver...

— Permettez, ma chère dame, dit M. Gervais en se pinçant les lèvres.

— Enfin, avouez que vous avez eu peur, et que vous avez agi comme des poltrons.

— Ce n'est pas cela ! fit Gorain avec un peu d'aigreur. Vous ne comprenez pas la situation ! Un des prisonniers s'était sauvé, l'autre nous bousculait pour fuir... Il faisait noir comme dans un four, et nous avions peur, en combattant, de blesser nos amis...

— Mais ils se battaient bien, eux !

— D'abord, reprit Gervais, nous ne sommes pas des soldats...

— Cela se voit ! interrompit Lefebvre.

— Ensuite, il faisait une nuit si obscure...

— Que vous vous êtes sauvés !

— Non ! on nous a arrachés de l'intérieur de la voiture...

— Et vous vous êtes laissés prendre !

— Permettez donc, dit Gorain en suant à grosses gouttes, car jusqu'alors il n'avait trouvé que des admirateurs, et la mère Lefebvre contrecarrait à chaque instant ses assertions, ce qui le jetait dans une perturbation morale des plus vives. Permettez donc, ma chère dame ! quand on nous a tirés si brusquement du carrosse, nous ne savions pas, si nous étions entre les mains de nos amis ou de nos ennemis, et, dans le doute, il faut s'abstenir...

— De se laisser prendre ! ajouta Lefebvre. Voilà ma façon de penser ! Moi je me serais proprement débattu.

— Mais si nos amis...

— Enfin, interrompit la mère Lefebvre, vous vous êtes bien aperçus à la longue que vous aviez affaire à vos ennemis...

— Oui, ma chère dame, mais alors il n'était plus temps, nous étions en pleine forêt...

— Nous avions couru si fort ! dit naïvement Gervais.

— Ah ! dit Mme Lefebvre d'un air triomphant, vous avouez donc que vous vous êtes sauvés ?

— Mais pas du tout ! s'écria Gorain.

— Cependant, vous couriez si fort...

— Pour aller porter secours à nos amis !

— Mais ils étaient près de vous !...

— Mais nous ne le savions pas! J'ai l'honneur de vous répéter qu'il faisait noir comme dans un four. On ne se voyait pas à deux pas! Il était impossible de distinguer sa main droite d'avec sa main gauche! Comprenez-vous?

— Très bien! dit Lefebvre en souriant. Mais vous ne nous avez pas dit ce qu'étaient vos prisonniers qui, d'après ce que nous venons d'entendre, devaient faire cause commune avec les bandits qui vous avaient attaqués?

— Oui, ajouta Mᵐᵉ Lefebvre, qu'est-ce que c'était que ces iroquois-là?

— Ah voilà! dit Gorain, nous n'en savons rien!

— Quoi! vous n'avez rien découvert sur leur compte?

— Rien de rien! fit Gervais en se grattant la tête.

— Et vous ne les avez pas revus depuis l'événement.

— Oh! si fait! Ils nous ont emmenés prisonniers dans leur caverne! N'est-ce pas, mon compère?

— Oui, dit M. Gervais.

— Et où était située cette caverne, demanda Lefebvre.

— Dans une belle maison, répondit Gorain.

— Comment! une caverne dans une maison? Qu'est-ce que vous nous contez là?

— Permettez! fit Gorain en rougissant comme une pivoine. Je dis caverne par manière de parler...

— Et là, qu'est-ce qu'on vous a fait?

— Mon Dieu!... rien du tout!... nous avons mangé... nous avons bu... nous avons dormi.

— Au milieu des bandits?

— Mais oui...

— Morbleu! dit Lefebvre, voilà des bandits qui ressemblent à de bien braves gens!

— Mais, dit la blanchisseuse, ces bandits ont dû vous prendre tout, vous dépouiller complètement?

— Complètement! répéta Gervais en poussant un soupir.
— Et comment êtes-vous parvenus à vous échapper de leurs mains ?
— Mais... dit Gorain en regardant Gervais, nous nous sommes échappés... comme cela... en nous en allant...

Les deux bourgeois paraissaient fort embarrassés depuis quelques instants. Il était évident que les questions pressantes et directes du garde française et de la blanchisseuse contrariaient singulièrement le récit qu'ils voulaient faire.

La niaise réponse de Gorain fit éclater de rire la mère Lefebvre.

— En voilà une bonne ! dit-elle. C'est comment vous vous êtes en allés, que je vous demande ?
— Mon Dieu ! dit Gervais, tout bonnement... dans une voiture.
— Et vous avez couru la poste jusqu'à Paris ?
— Mais oui... nous sommes arrivés hier soir.

Lefebvre et sa femme se regardèrent d'un profond étonnement.

— Ah çà, reprit le caporal avec un accent sévère, est-ce que vous vous moquez de nous à la fin ! Comment ! vous nous racontez que vous avez été pris par des bandits, qu'ils vous ont pillés, dévalisés complètement, qu'ils vous ont emmenés prisonniers dans leur repaire, et puis ensuite que vous vous êtes en allés, tout tranquillement, en voiture, roulant la poste comme des financiers ? Qu'est-ce que tout cela signifie ?

— Mais... mais... balbutia Gorain.
— Mon Dieu !... vous comprenez... ajouta Gervais sur le même ton.
— Trouves-tu tout cela naturel, toi, la mère ? demanda Lefebvre à sa femme.

— Moi, je trouve cela bien drôle ! répondit la blanchisseuse.

Bernard et sa femme avaient écouté attentivement sans se mêler en rien à la conversation. Eux aussi trouvaient étranges les réponses de Gorain et de Gervais, et les explications, dans lesquelles les deux bourgeois s'embrouillaient à chaque phrase, pouvaient, à bon droit, passer pour louches.

Les deux amis semblaient, au reste, de plus en plus mal à l'aise. Ils regardaient la porte vitrée donnant sur le carré avec un expressif désir de la voir s'ouvrir devant eux.

Mme Bernard fit un mouvement brusque vers ses deux visiteurs.

— Messieurs ! s'écria-t-il, ne nous cachez rien ! Vous voulez me céler la vérité, j'en suis sûre ! je le devine ! Qu'est-il arrivé à ma pauvre enfant ? Vos hésitations me tuent plus sûrement, que ne le ferait l'annonce d'un grand malheur.

— Parlez, mes amis, parlez, je vous en conjure ! dit Bernard avec la même anxiété.

— Mais... nous parlons ! balbutia Gorain.

— Vous nous contez des histoires, interrompit Lefebvre.

— Allons ! ajouta la blanchisseuse, dites-nous franchement ce qu'il en est !

Les deux bourgeois semblaient être à une véritable torture. Ils se regardaient, ils pâlissaient, ils rougissaient comme deux coupables. Plus les instances devenaient pressantes et plus leur embarras redoublait. C'est qu'il y avait, dans le récit de leurs aventures, un point que les deux amis désiraient laisser dans l'ombre. C'était tout ce qui avait rapport à M. Roger.

Le drame, dans lequel, on avait su imposer un rôle

à Gorain et à Gervais, n'était pas encore dénoué, et les deux pantins continuaient à se mouvoir en obéissant aux fils qui les faisaient agir.

Cette condition de leur récit de ne pas parler de celui qu'ils croyaient toujours être le confident du ministre, les gênait fort et leur faisait débiter balourdises sur balourdises. Aussi, aux questions pressantes de Bernard et de sa femme, de Lefebvre et de la blanchisseuse, demeurèrent-ils bouche béante, ne sachant que faire, ni que répondre. Enfin, Gorain parut prendre un parti décisif :

— Mon Dieu ! dit-il en hésitant un peu cependant et en mâchant à demi ses paroles, vous me demandez là un tas de choses... Est-ce que je sais, moi ! Gervais et moi nous nous sommes sauvés, voilà tout !... Mais tout cela était si terrible que je ne puis rien me rappeler en détail...

— Ni moi ! se hâta d'ajouter Gervais.

En entendant cette déclaration qui prouvait que les deux bourgeois mentaient, mais qu'ils étaient résolus à cacher la vérité ou qu'ils étaient dans l'impossibilité de la révéler, les quatre auditeurs, qui suivaient attentivement leurs paroles, demeuraient indécis.

Cette situation anxieuse redoublait encore les souffrances de la pauvre mère. Se renversant sur son lit, elle se mit à éclater en sanglots convulsifs. M%me% Lefebvre courut à elle.

— Mordieu ! s'écria Lefebvre avec colère, il faut pourtant que vous nous disiez la vérité ! Que sont devenus vos compagnons ?

— Mais nous n'en savons rien ! dit Gorain avec désespoir, car il se sentait à bout de forces pour lutter davantage.

— Eh ! puisque vous avez été pris par les bandits qui les ont attaqués, vous devez le savoir...

— Je vous jure !... balbutia Gervais.

— Allons donc ! Assez de sornettes ! Dites la vérité ! Qu'est-ce que vous savez ?

— Ils ne savent rien ! dit une voix sèche, partie brusquement du seuil de la porte vitrée.

Tous ceux qui étaient dans la chambre se retournèrent, par un même mouvement, et demeurèrent frappés de surprise.

Un homme, encadré par le chambranle de la porte ouverte, avait les traits fatigués, les vêtements salis et couverts de poussière, avec un œil ardent et brûlant d'un feu sombre.

— Monsieur Fouché ! s'écria Bernard en se précipitant vers lui.

— Ma fille ! ma fille ! dit la pauvre mère d'une voix déchirante. Mon enfant !... vous m'avez promis de me ramener mon enfant.

Fouché secoua douloureusement la tête et fit un pas en avant sans répondre.

Dans la demi-obscurité régnant sur le palier de l'escalier, on apercevait la tête intelligente de Jean, le garçon de maître Bernard.

L'apparition si complètement inattendue de Fouché avait produit, sur les deux bourgeois, l'effet de la tête de Méduse. Ils demeurèrent, à la vue de l'oratorien, stupéfaits et terrifiés comme s'ils eussent craint de se voir écraser par un ennemi formidable ; mais si cette terreur apparente était sincère, elle fut de courte durée. Fouché s'approcha de ses anciens compagnons de voyage, les salua amicalement et leur sourit en homme enchanté de les retrouver. Gorain et Gervais ne furent pas maîtres de retenir un soupir de satisfaction.

La pauvre malade, les yeux hagards et les mains

tendues s'adressait, à Fouché, dans la pose la plus suppliante. Bernard, haletant et sans voix, attendait une réponse. Chez ces deux pauvres êtres la vie avait évidemment suspendu ses fonctions.

Lefebvre et sa femme n'osaient bouger tant leur anxiété était grande. Fouché s'était approché de M. et Mᵐᵉ Bernard, et leur prenant les mains qu'il réunit dans les siennes en les serrant étroitement :

— Du courage ! dit-il d'une voix sourde.

— Ma fille ! balbutia le teinturier devenu plus pâle qu'un linceul.

— Elle est morte ! s'écria la malade avec une expression de douleur effrayante.

— Non ! non ! cela n'est pas ! je l'espère du moins ! dit vivement Fouché. Si cette horrible nouvelle était certaine, je ne vous l'apporterais pas ainsi moi-même, sans aucun ménagement. Je vous ai dit : du courage ! et je vous le répète encore, mes amis : du courage ! Il vous en faut, et beaucoup ; car je dois l'avouer, toutes mes recherches ont été vaines.

— Quoi ! s'écria Bernard, vous n'avez rien découvert.

— Rien ?

— Vous n'avez pas même trouvé une trace.

— Pas une ; sans quoi je ne fusse pas revenu.

— Mais, s'écria Mᵐᵉ Bernard retrouvant des forces dans l'énergie de sa douleur, pourquoi nous avoir promis alors ? pourquoi nous avoir bercés d'une suprême espérance ? Vous étiez certain de réussir, disiez-vous ! Oh ! Dieu vous punira de vous être ainsi joué du désespoir d'une mère !

Fouché comprenait trop bien l'immense chagrin de la malheureuse femme pour se montrer offensé des reproches qu'elle lui adressait, dans sa cruelle déception.

— Je vous ai promis, répondit-il lentement, parce que je croyais pouvoir tenir mes promesses. Je vous ai bercés d'une espérance, parce que, pour moi, cette espérance devait se transformer en réalité. J'ai fait, j'en suis certain, tout ce qu'un homme pouvait faire pour réussir dans l'entreprise dont je m'étais fait le chef. Le destin a été contre moi, j'ai échoué.

— Mais, demanda Bernard, où êtes-vous allé ?

— A Saint-Nazaire.

— Pourquoi ?

— Parce que j'avais la certitude, à mon départ, que c'était à Saint-Nazaire que je devais retrouver votre fille. Malheureusement, je m'étais trompé !

— Comment ? expliquez-vous, dit Mme Bernard espérant peut-être encore trouver, dans les éclaircissements que donnerait Fouché, une lueur à laquelle son amour maternel pourrait se rattacher.

— Je croyais, dit Fouché d'une voix brève, qu'une substitution d'enfant avait eu lieu, qu'une petite fille morte avait été remplacée par une petite fille vivante, et que le rapt de la jolie mignonne n'avait d'autre but que de servir, des intérêts privés d'une haute importance.

— Eh bien ?

— Eh bien ! je vous le répète, je m'étais trompé. L'enfant que je croyais mort vivait encore, ou, si la substitution a eu lieu, on ne s'est pas servi de votre fille.

— Enfin, s'écria la malheureuse mère, avez-vous vu celle que vous espériez être ma fille !

— Oui, je l'ai vue, et Brune et Jean et Nicolas l'ont vu comme moi. Brune et Jean qui connaissaient parfaitement votre enfant, n'ont pas reconnu, cependant, la jolie mignonne dans le malheureux petit être que nous avons visité.

Jean était entré doucement dans la chambre, Fouché se tourna vers lui.

— C'est vrai, dit le garçon teinturier en courbant la tête. Il était impossible de s'y tromper. Je vois encore la jolie mignonne. Elle était jolie, elle était blonde, elle était fraîche et rosée, elle était vive et intelligente...

— Oui... oui... oui... C'est cela !... c'est bien cela !... balbutiait Mme Bernard en suivant, sur les lèvres de Jean, les paroles qui s'en échappaient, et qui traçaient si bien le portrait de l'enfant dont elle pleurait la perte.

— Eh bien ! continua le jeune homme, la petite fille que nous avons vue était blonde aussi, elle était aussi du même âge que la jolie mignonne ; mais quelle différence entre elles ! Celle-là était maigre, chétive... son petit visage indiquait la souffrance, et ses traits étaient détruits par une maladie récente qui l'avait rendue laide... A peine entendait-elle, à peine nous voyait-elle. On eût dit d'une pauvre petite idiote. Et cependant c'était bien celle-là que M. Fouché espérait être votre fille; c'était bien mademoiselle d'...

Jean s'arrêta sur un brusque geste de l'oratorien.

— Cet enfant était bien celui que je croyais mort, dit Fouché. Les témoignages les plus sérieux m'en ont convaincu. Puis la jolie mignonne aurait reconnu Brune et Jean si ceux-ci ne l'avaient pu reconnaître elle-même. Non ! ce n'était pas votre fille...

Mme Bernard, épuisée, venait de s'évanouir. Bernard et Mme Lefebvre s'empressèrent de lui prodiguer leurs soins; mais la malade était tellement faible, les secousses successives, qu'elle venait de recevoir, l'avaient si rudement brisée qu'elle demeurait sans mouvement en dépit des efforts de la blanchisseuse et du teinturier pour la rappeler à l'existence.

Gorain et Gervais avaient écouté Fouché, d'abord avec une grande surprise, puis avec une joie manifeste qu'ils s'efforçaient cependant de cacher.

— Non ! non ! continuait l'oratorien sans s'occuper de ce qui se passait dans la chambre, et comme s'il se fût répondu à lui-même ; non ! ce ne pouvait être la jolie mignonne, à moins que...

Il s'arrêta.

— Cependant, reprit-il, Berthe est morte et bien morte ! On a pu tromper tout le monde à Saint-Nazaire ; mais je suis certain... Et pourtant ce n'était pas la jolie mignonne ; à moins que, poursuivit-il à l'oreille de Jean qui s'était rapproché de lui, à moins que quelque poison corrosif n'ait altéré ses traits comme un poison stupéfiant pouvait avoir annihilé son intelligence !

— Oh ! fit Jean en reculant d'horreur devant cette supposition de l'oratorien.

Fouché lui saisit la main pour lui imposer silence ; mais un cri horrible lui fit brusquement tourner la tête.

Mme Bernard s'était dressée sur son lit, et l'œil fixe, les doigts frémissants, elle tendait le bras vers l'oratorien. Avec cette finesse d'ouïe, avec cette perception extraordinaire des sens particulières aux maladies nerveuses, elle avait entendu distinctement les paroles murmurées à voix basse par Fouché à l'oreille du garçon teinturier. La pensée que son enfant avait pu supporter ces horribles tortures, avait réveillé subitement toutes ses facultés. Une transformation extraordinaire s'était opérée en elle ; le sang lui montant subitement à la face, avait empourpré son visage, et les mots se frayaient, avec peine, un passage entre ses lèvres violacées.

— Ma fille... balbutia-t-elle avec un accent rauque ; ma fille... mon enfant... empoisonnée... défigurée... Oh !

les monstres!... les monstres!... Je veux... Je vais... Ma fille!... ma...

La pauvre femme demeura immobile; la parole expira sur ses lèvres; sa bouche resta entr'ouverte, ses yeux vacillèrent dans leur orbite; elle se roidit et retomba sur son oreiller, sans pousser un cri.

Bernard, qui était près d'elle, la saisit dans ses bras, tandis que Mᵐᵉ Lefebvre s'empressait de l'inonder de vinaigre; mais le teinturier et la blanchisseuse s'arrêtèrent en même temps et se regardèrent avec une expression impossible à rendre. Tous deux demeuraient comme fascinés, tandis que les autres personnages, immobiles à leur place, contemplaient cette scène muette.

Enfin, le teinturier fit un pas en arrière, en laissant glisser sur le lit le corps qu'il soutenait; il leva les deux mains vers le ciel, parcourut la chambre d'un regard stupide, puis s'affaissant tout à coup sur lui-même, il tomba à deux genoux devant la couche où était étendue sa femme, et un sanglot convulsif lui déchira la gorge. Mᵐᵉ Bernard était morte.

Cette pantomime expressive du pauvre homme avait glacé de stupeur Lefebvre, Jean, Gorain et Gervais.

Fouché lui-même, en dépit de son âme de bronze et de son insensibilité stoïque, avait fait un mouvement vers le lit; mais Mᵐᵉ Lefebvre, le visage ruisselant de larmes, l'arrêta du geste. L'excellente femme s'agenouilla doucement et se mit à prier.

Tous s'inclinèrent devant la majesté de la mort et ce fut, dans cette chambre, un silence stupéfiant que rompaient, seuls, les sanglots qui déchiraient la poitrine du malheureux teinturier.

Sur un signe de Mᵐᵉ Lefebvre, le garde française et Jean s'approchèrent de Bernard et voulurent l'entraîner pour le soustraire au déchirant tableau, qu'il contemplait d'un œil hagard, mais le pauvre homme se débattit entre les mains qui s'efforçaient de l'emmener ; il ne voulait pas quitter le cadavre de sa femme. La blanchisseuse comprenait cette douleur effrayante.

— Laissez-le ! dit-elle à son mari et au garçon teinturier. Laissez-le et allez chercher un prêtre !

Jean essuya ses yeux mouillés de larmes et s'empressa d'obéir.

Gorain et Gervais, rendus stupides par l'émotion qui s'était emparée d'eux, ne savaient ni que dire ni que faire. Mᵐᵉ Lefebvre jeta, sur eux, un regard chargé de mépris et de colère :

— Allez-vous-en ! dit-elle brusquement. Vous n'êtes bons à rien, ni l'un ni l'autre !

Les deux bourgeois se levèrent sans souffler mot, sans oser répliquer une parole, et se glissèrent, vers l'escalier, avec un empressement dénotant leur satisfaction de quitter enfin cette chambre dans laquelle ils avaient joué un si triste rôle.

Tous deux gagnèrent la boutique et coururent vers la rue. Fouché, dont la nature sèche et nerveuse n'était pas accessible aux émotions de longue durée, Fouché avait repris tout son calme et, bien que la mort de la pauvre femme ne l'eût pas laissé insensible, son esprit, toujours en éveil, s'était promptement détaché de la scène de désolation qu'il avait sous les yeux. En voyant s'éloigner Gorain et Gervais, il parut frappé d'une pensée subite, et, sans communiquer cette pensée, sans dire un mot, il quitta, à son tour, la chambre mortuaire, laissant Mᵐᵉ Lefebvre agenouillée près du malheureux teinturier et Lefebvre immobile dans un angle, contemplant ce douloureux tableau d'un œil attendri.

XV

RENCONTRE NOCTURNE

En franchissant le seuil de la boutique, les deux bourgeois, pâles et défaits, avaient descendu la rue Saint-Honoré sans échanger une parole. Leurs dents claquaient. Le spectacle, qui les avait si fort impressionnés, était encore présent à leur esprit et leur donnait des ailes pour s'éloigner au plus vite de cette maison de désolation.

Gorain demeurait à peu de distance, entre l'église Saint-Roch et la rue des Frondeurs. Arrivé à la porte de son domicile, il chercha précipitamment son passe-partout pour rentrer chez lui.

— Vous... allez... rentrer, compère ? demanda Gervais. Vous me laissez tout seul...

— Ma femme m'attend ! répondit Gorain en cherchant toujours la clef que, dans son trouble, il ne pouvait trouver.

— Mais... mais... continua Gervais d'une voix défaillante. J'ai encore loin à aller...

— Arrangez-vous comme vous voudrez, compère, mais moi je rentre ! dit Gorain en tirant, enfin, de sa poche le passe-partout qu'il s'apprêta à introduire dans la serrure.

— Eh bien ! vous rentrez ? vous oubliez donc notre rendez-vous ? dit tout à coup une voix brusque.

Gorain et Gervais se collèrent en tremblant contre la porte. Le son inattendu de cette voix avait redoublé leur terreur.

— Qu'avez-vous donc ? reprit la voix.

Et un personnage, qui s'était tenu, jusqu'alors dans l'ombre, se dressa subitement devant eux.

Gorain et Gervais sentirent leurs dents claquer plus fort, et un nuage rouge, qui passa sur leurs yeux, les empêcha de voir leur interlocuteur.

— Ah çà ! reprit celui-ci avec un accent sévère. Êtes-vous devenus fous, mes maîtres, et ne reconnaissez-vous plus votre meilleur ami ?

— M. Roger ! balbutia Gervais.

— M. Roger ! répéta Gorain avec un soupir de soulagement.

— Eh oui ! moi-même, heureusement, car, si je ne me trompe, vous alliez me fausser compagnie lorsque vous saviez, cependant, que nous avions rendez-vous ce soir ensemble.

— C'est vrai ! dit Gorain. Je l'avais oublié !

— Bah ! fit l'agent du roi du bagne avec un sourire railleur. A quoi donc songiez-vous ?

— Ah ! dit Gervais. Si vous saviez ce qui vient d'arriver !

— Quoi donc ?

— Un grand malheur !

— Qu'est-ce que c'est ?

— Mme Bernard est morte !

— Tiens ! la pauvre femme ! dit M. Roger avec un ton d'indifférence parfaite. Et de quoi est-elle morte ?

— De chagrin d'avoir perdu sa fille.

— Et Bernard ?

— Ah ! le pauvre cher homme ne vaut guère mieux ?

— C'est très-malheureux tout cela, reprit M. Roger d'un ton sec, mais ce n'est pas un motif pour que vous oubliiez ce qui a été convenu entre nous. Les affaires de l'État avant les affaires privées, que diable ! Si je n'avais pas été au-devant de vous ce soir, que serait-il arrivé ? Je ne vous aurais pas vus et qu'aurai-je répondu demain matin à monseigneur ?

— Dam ! fit Gorain. Cet événement nous avait bouleversés !

— Eh bien ! remettez-vous ! Venez avec moi jusqu'à la rue de Richelieu.

Et M. Roger, prenant, par un bras, chacun de ses interlocuteurs, les contraignit à marcher avec lui dans la direction indiquée.

— Que vous voulait Bernard quand il vous a envoyé chercher ? demanda M. Roger.

— Il voulait nous faire raconter notre voyage devant ses amis, répondit Gorain.

— Qui cela ?

— M. et Mme Lefebvre.

— Et vous avez dit ?

— Ce que nous avons pu, fit Gervais avec une mine piteuse, car cette satanée petite femme nous retournait comme saint Laurent sur son gril.

— Je devine que vous aurez lâché quelque sottise !

— Oh non ! dit vivement Gorain. Nous n'avons pas prononcé votre nom !

— Pardieu ! je l'espère bien pour vous... Sans cela, vous savez ? la Bastille ! Enfin, vous avez assisté au retour de Fouché.

— Quoi ! s'écria Gervais, vous saviez qu'il était revenu ?
— Je sais tout !
— C'est merveilleux ! dit Gorain avec admiration.
— Que s'est-il passé ? demanda Roger.

Et comme les bourgeois ne lui répondaient pas assez vite, il les interrogea précipitamment. Quand il eut connu, dans tous ses détails, la scène qui s'était accomplie chez Bernard et avait amené la terrible catastrophe, il secoua la tête.

— Allons ! tout va bien ! murmura-t-il.

Puis, reprenant à voix basse, en se penchant alternativement vers chacun de ses deux compagnons :

— Vous savez ce que je vous ai promis ? dit-il. Le moment approche où vous serez récompensés de vos efforts. Monseigneur est très content de vous...

— Il vous l'a dit ? interrompit Gorain.

— Ce matin, continua Roger. Avant peu, vous serez échevin, monsieur Gorain, et vous, monsieur Gervais, vous aurez votre brevet de fournisseur ; il ne vous reste plus qu'un léger triomphe à remporter.

— Lequel ? demandèrent vivement les deux bourgeois, dont l'ambition réveillée avait étouffé le souvenir de leur émotion de la soirée. Que faut-il faire ? Parlez vite, cher monsieur Roger !

— Maintenant que la pauvre Mme Bernard est morte, la tâche sera plus facile, reprit l'agent du roi du bagne. Il faut que le teinturier se contente de pleurer sa femme et qu'il oublie sa fille, et il faut, surtout, qu'il cesse toute relation avec M. Fouché !

— Mais comment voulez-vous que nous empêchions Bernard de...

— On cherche, on invente, on trouve ! interrompit Roger. Voulez-vous faire de la diplomatie ?

— Je veux bien! répondit Gorain avec empressement.

— Eh bien! Bernard a la tête faible; sa douleur aura encore diminué le peu de forces morales qu'il avait; ne le quittez pas! Faites-vous ses amis intimes...

— Bon! dit Gervais.

— Et, reprit Roger d'une voix insinuante, servez-vous de votre voyage. Prouvez-lui que Fouché n'a jamais eu que de mauvaises intentions à son égard...

— Cependant... nous n'en savons rien! dit Gorain en hésitant.

— Agissez comme si vous le saviez...

— Mais... nous mentirons...

— Vous serez diplomates! D'ailleurs, il le faut! Tel est l'ordre de monseigneur, et vous savez où vous conduirait la désobéissance ?

Gervais et Gorain courbèrent la tête : ils n'avaient plus rien à objecter.

— Dès demain, dit Roger, commencez à exécuter le plan que je vous indique, et, demain soir, n'oubliez pas de vous trouver à l'endroit convenu. J'aurai peut-être de nouvelles instructions à vous donner. Surtout songez à la situation dans laquelle vous êtes engagés : d'un côté les honneurs! de l'autre, la Bastille !

M. Roger lâcha le bras de ses deux interlocuteurs, leur adressa un geste amical et il disparut vivement sans ajouter un mot.

Gorain et Gervais demeurèrent face à face ; ils se regardaient tous deux avec des yeux effarés.

— Vous avez entendu? dit enfin le propriétaire de l'avocat Danton.

— Oui, répondit Gervais. Et vous?

— Moi aussi !

— Alors, demain, il faudra retourner chez Bernard ?
— Dam ! il le faut bien !
— Ah ! c'est égal, compère, dit Gervais d'une voix piteuse, j'étais plus tranquille avant de songer aux honneurs !
— Et moi donc ! fit Gorain en soupirant.
Les deux amis échangèrent une poignée de main.
— A demain ! dit Gorain.
— A demain ! répondit Gervais.

Puis, levant les yeux au ciel comme deux pauvres martyrs, ils se séparèrent, et, se tournant le dos, Gervais continua à descendre la rue, et Gorain la remonta les mains enfoncées dans les poches de sa veste.

Le bon bourgeois marchait les yeux fixés sur le pavé et le nez baissé, lorsqu'en franchissant la rue des Frondeurs, et comme il allait atteindre son domicile, des doigts nerveux lui saisirent le bras et le clouèrent sur place.

Gorain, étourdi à cette brusque attaque, poussa un cri d'effroi.

— Au sec... commença-t-il.
— Taisez-vous ! commanda une voix brève.
— M. Fouché ! dit Gorain en reconnaissant l'homme qui venait d'interrompre si brusquement sa marche.
— Silence ! fit l'oratorien, et venez avec moi !

XVI

LES AVEUX

Tandis que se passait dans la maison du teinturier cette scène de désolation, une autre scène, peut-être moins dramatique, mais tout aussi émouvante, tout aussi douloureuse, s'accomplissait dans ce pavillon de la rue du Chaume, seul vestige demeuré debout du magnifique hôtel de Niorres. Léonore et Blanche, pâles toutes deux, éplorées, sous le poids du plus poignant chagrin, se tenaient debout, enlacées, semblables à des statues du désespoir. Léonore, la tête appuyée sur la poitrine de sa jeune sœur, paraissait sur le point de succomber à l'accablement qui engourdissait ses membres et avait frappé d'une torpeur étrange ses facultés intellectuelles. Blanche, le front baissé, les sourcils contractés, les paupières rougies et les mains frémissantes, froissait, entre ses doigts, un papier dont le contact paraissait la brûler comme la tunique dont Déjanire revêtit son amant.

A quelques pas des deux jeunes filles, et contemplant ce tableau d'un œil qui s'efforçait de paraître attendri, le comte de Sommes, son chapeau à la main, était dans l'attitude d'un homme qui s'apprête à prendre congé après un pénible entretien.

Une certaine incertitude se lisait dans sa pose; il attendait évidemment une parole ou un geste de l'une des deux jeunes filles pour quitter la pièce.

Après quelques instants d'un silence profond, et que troubla, seule, la respiration entrecoupée des malheureuses nièces du conseiller au parlement, Blanche se tourna à demi vers le comte :

— Quelle que soit notre affliction, Monsieur, dit-elle d'une voix rendue rauque par les efforts qu'elle faisait pour contenir ses larmes et refouler ses sanglots, quelque terrible que soit le coup dont nous a frappées le message que vous venez de nous remettre, croyez que nous reconnaissons, comme il le mérite, le service que vous nous avez rendu durant cette période de malheur que nous traversons si péniblement. Croyez, Monsieur, à la reconnaissance de deux pauvres jeunes filles auxquelles vous avez sauvé la vie, mais auxquelles vous ne sauriez, désormais, apporter la consolation et le calme.

M. de Sommes fit un pas en avant.

— Mademoiselle, dit-il avec une émotion admirablement jouée, j'ignorais, je vous le jure, devoir être le fatal instrument de l'implacable Providence. La lettre que je vous ai remise...

— Par grâce, Monsieur, interrompit Blanche, ne parlez pas de cette lettre !

Et une rougeur ardente envahit le front de la jeune fille, tandis qu'elle pressait convulsivement, contre sa poitrine, le corps presque inanimé de sa sœur. Le comte de Sommes fit un geste indiquant qu'il obéissait à l'injonction formulée.

— Ne puis-je donc rien pour vous ? demanda-t-il à voix basse.

— Rien ! répondit Blanche.

— Votre résolution est prise ?

— Irrévocablement !

— Ainsi le couvent ne vous effraye pas ?

— Notre vœu le plus ardent est d'entrer dans un cloître.

— Pardonnez-moi, Mademoiselle, d'insister encore près de vous, reprit le comte après un léger silence ; mais le respectueux attachement que je vous ai voué m'ordonne impérativement de parler comme je le fais. Vous êtes bien jeunes encore, votre sœur et vous, pour prendre une résolution irrévocable.

— La douleur vieillit vite ! dit Blanche en secouant la tête.

— Le temps guérit toutes les blessures... poursuivit le comte.

— Il y a des plaies incurables ! répondit la jeune fille.

— Peut-être vous repentirez-vous un jour.

Blanche fit un signe négatif d'une énergie froide et contenue.

— Songez, continua le comte de Sommes, que vous êtes appelées, par l'âge, à demeurer seules de toute votre famille, et peut-être M. de Niorres serait-il en droit d'exiger que vous restassiez dans le monde, en héritant de cette immense fortune.

— Oh ! interrompit Blanche avec un geste violent, cette fortune nous la repoussons de toutes nos forces; n'est-elle pas la cause de tous les maux qui nous accablent ! Cette fortune, je la hais, je la déteste, je l'abhorre; n'en parlez plus, Monsieur, n'en parlez jamais ! Avez-vous donc oublié déjà le service que nous vous avons supplié de nous rendre ?

— Non, Mademoiselle, je n'ai rien oublié et je suis

toujours prêt à vous servir, répondit le comte. Votre sœur et vous venez de me remettre une renonciation absolue, à cette fortune qui doit vous revenir un jour, et vous m'avez demandé de faire dresser un acte en bonne forme de cette renonciation. J'accomplirai vos volontés ; mais je vous ferai observer, seulement, que Madame votre mère, que Monsieur votre oncle, comme tuteur, ont droit de s'opposer à cet acte.

— Que notre oncle dispose de sa fortune à son gré ! Quant à notre mère, elle connaîtra nos intentions et les approuvera, dit Léonore en se redressant.

Blanche lui serra les mains et l'embrassa.

— Cependant... fit le comte.

— N'insistez plus ! dit Blanche. Au nom de l'amitié que vous voulez bien nous accorder, ne cherchez pas à nous détourner d'une résolution que rien ne saurait changer. C'est pour lever tous les obstacles que nous nous sommes adressées à vous. Ne repoussez pas nos prières ! Cette renonciation que nous vous avons remise, faites-en dresser l'acte en secret. Demain nous aurons fait choix du cloître au fond duquel nous devons nous ensevelir. Vous saurez le secret de notre demeure... C'est là que le notaire devra venir recevoir l'expression de nos volontés !

M. de Sommes porta la main à ses yeux, comme pour voiler ses larmes.

— Vous me brisez le cœur ! dit-il ; mais n'importe. J'ai promis, j'obéirai ! Mesdemoiselles, vos volontés seront accomplies, je vous le jure !

Les deux jeunes filles lui tendirent à la fois la main :

— Vous êtes bon ! murmura Léonore.

Le comte réunit ces deux petites mains dans les siennes, et, approchant ses lèvres, y déposa un baiser empreint du respect le plus profond.

— Ah ! fit Blanche en cessant de contenir les larmes qui l'étouffaient, ne nous abandonnez pas. Maintenant que nous connaissons l'horrible vérité, maintenant que MM. d'Herbois et de Renneville n'existent plus pour nous, maintenant que nous avons honte de nous-mêmes en songeant à cet amour qui s'était emparé de notre cœur. Vous êtes notre seul ami !

— Mesdemoiselles, fit le comte en posant la main sur son cœur, la moitié de ma vie, consacrée à vous servir à genoux, ne suffirait pas pour payer le bonheur que me cause un tel titre !

Et comme s'il ne pouvait contenir son émotion, comme s'il craignait de la laisser déborder en présence des deux jeunes filles, le comte fit un geste pathétique, et, s'inclinant presque jusqu'à terre, il quitta la chambre sans ajouter une parole.

Demeurées seules, Léonore et Blanche restèrent un moment dans la même position ; puis, éclatant toutes deux en sanglots déchirants, elles se laissèrent tomber sur les sièges placés près d'elles.

Léonore cachait sa charmante figure, décomposée par la douleur, dans ses mains tremblantes, et les larmes, se faisant jour, entre ses doigts blancs et effilés, brillaient comme des perles limpides au bout de ses ongles roses.

Blanche froissait toujours, avec des contractions fiévreuses, le papier qu'elle n'avait point laissé glisser sur le tapis.

— Mon Dieu ! mon Dieu ! fit-elle en recouvrant un peu de calme, faut-il donc croire à ce qu'ils ont écrit !

— Oh ! cette lettre, cette lettre ! balbutia Léonore.

— Non ! non ! s'écria Blanche, cela n'est pas possible !

— Oh ! ma sœur, que je souffre, je voudrais mourir ! dit Léonore en se renversant sur son fauteuil.

— Mourir ! répéta Blanche. Eux aussi, vont mourir ; et ils ont mérité la mort !

— Ne dis pas cela ! fit Léonore d'une voix brisée.

— Cette lettre, cette lettre, il faut la relire !

Et l'énergique enfant, séchant ses larmes par un effort puissant de volonté, essuya ses beaux yeux pour recouvrer la vue, et s'approchant de Léonore qu'elle saisit par le bras.

— Ecoute ! dit-elle ; dussions-nous nous tuer après, il faut relire cette lettre !

Léonore s'affaissa sur elle-même sans répondre. Blanche déplia le papier, et comprimant les battements de son cœur, domptant sa douleur pour respirer plus librement, elle commença d'une voix sourde, mais tellement accentuée, la lecture de l'épître qui paraissait être la cause du violent désespoir des deux sœurs.

« Demain le jugement sera prononcé, lut-elle en frissonnant en dépit de ses efforts pour se maîtriser ; demain nous serons condamnés ! La mort est là ! Elle se dresse devant nous implacable et terrible. Nous ne pouvons l'éviter ! Qu'elle vienne donc et nous la recevrons avec courage... nous l'attendons sans pâlir... nous l'appelons même avec impatience !

« Oui ! nous l'appelons cette mort qui doit enfin nous délivrer de tous nos maux. Encore quelques jours à peine et nous serons devant le tribunal de Dieu ; mais avant de quitter la terre, avant que la justice humaine n'ait accompli son œuvre suprême, nous voulons vous adresser nos dernières pensées. Du courage, Blanche ; du courage, Léonore ! Ne pleurez pas sur nous... nous sommes indignes de vos larmes !

Blanche s'arrêta et regarda sa sœur.

« Nous sommes indignes de vos larmes, reprit-elle, et cependant nous vous aimons ; mais c'est cet amour qui nous contraint à parler à cette heure ; c'est cet amour, que nous ressentons pour vous, qui nous fait venir dire : Ne pleurez pas !

« Blanche, Léonore, pourrez-vous comprendre ce que nous avons à vous dire ? Aurez-vous la force de continuer la lecture de cette lettre après avoir entendu l'aveu que nous avons à faire ? Un aveu. Ce mot seul ne vous effraye-t-il pas déjà ? Dans notre situation, les criminels seuls ont un aveu à faire... Eh bien !... nous sommes criminels !...

« Oui ! nous osons vous le confier ; oui, nous nous confessons à vous ! Cet aveu, que nous avons refusé à la justice, que nous refuserons au prêtre, cet aveu que ne nous eût pas arraché la torture, que ne nous arrachera pas la menace de la damnation éternelle, cet aveu, nous vous le faisons spontanément, à vous et de notre plein gré ! Nous vous le faisons sans hésitation et sans regret, parce que nous vous aimons, parce que nous ne voulons pas que notre tombe, en recevant nos cadavres, se referme sur l'avenir qui vous est réservé !

« Blanche, Léonore, nous sommes coupables ! Ces crimes que l'on nous reproche nous les avons commis : la justice humaine ne faillira pas en nous frappant ! Oui, nous sommes coupables ! mais écoutez notre justification, cette justification qu'il n'appartient qu'à vous seules d'entendre ! Encore une fois, nous vous aimons, et, par un horrible jeu du destin, c'est cet amour, inspiré par deux anges, qui nous a conduits sur la voie sanglante.

« Nous étions pauvres, plus que pauvres, endettés

pour des sommes énormes. Rien dans l'avenir ne pouvait nous faire espérer de combler l'abîme creusé par nos folles années de jeunesse. Vous allier à nous, c'était vous allier à cette misère effrayante des gentilshommes obligés de souffrir les privations les plus sévères, sous les dehors du luxe et de l'abondance !

« Cette existence, qui ne nous avait jamais effrayés, nous a terrifiés en songeant que vous deviez la partager un jour. Que fallait-il faire ? Ou renoncer à l'amour que nous ressentions, ou devenir riches pour vous entourer de ces mille soins recherchés dont vous êtes dignes. L'amour était trop profondément enraciné dans notre cœur pour pouvoir l'arracher... Le vertige s'est emparé de notre cerveau !

« Voilà l'explication de notre conduite ; vous savez tout ! Maudissez-nous ! nous sommes coupables ; mais ne nous descendez pas, dans votre pensée, au rang d'abjects assassins !

« Ne nous pleurez pas ! Tel est notre dernier cri ! Telle est notre dernière prière ! La vie était désormais impossible pour nous ! Il fallait mourir... que la mort vienne ! Vos noms n'ont pas été prononcés, par nous, durant le procès qui s'achève. Nous avons opposé un silence absolu à toutes les interrogations qui nous ont été adressées. Pour beaucoup nous serons d'innocentes victimes... Nous pouvions vous laisser cette conviction, mais nous eussions laissé, avec elle, le désespoir... C'est cette pensée qui nous guide, c'est cette pensée seule qui amène notre confession !...

« Adieu, Blanche ; adieu, Léonore !... Nous mourrons bientôt en prononçant vos noms chéris, auxquels nous ajouterons celui du seul ami qui nous soit demeuré fidèle, du seul homme digne de ce titre, du comte de

Sommes qui vous remettra cette lettre. Lisez-la devant lui ; qu'il sache tout, et, lorsqu'il connaîtra la vérité... qu'il agisse suivant sa conscience. Il peut nous repousser... nous ne pouvons que le bénir !

« Adieu encore... et ne pleurez pas ! »

Cette lettre était écrite de la main du marquis, et portait la signature des deux jeunes gens.

Lorsque Blanche en eut achevé la lecture, qu'elle faisait pour la seconde fois, ses forces l'abandonnèrent et elle s'évanouit. Léonore la contempla un moment d'un œil fixe.

— Oh ! murmura-t-elle en voyant la pâleur dont se couvrait le visage de sa jeune sœur, si Dieu nous permettait de mourir !

XVII

LENOIR ET FOUQUÉ

Dans les premiers jours du mois d'août 1785, le lieutenant de police, M. Lenoir, était loin de jouir d'une parfaite tranquillité d'esprit. Il voyait poindre à l'horizon, et cet horizon avait fort peu d'étendue, une grosse tempête qui menaçait à la fois l'homme dans sa réputation d'intelligence et le magistrat dans la charge qu'il occupait. M. Lenoir savait, à n'en pas douter, que sous peu de jours le roi lui donnerait un remplaçant, et ce nouveau fonctionnaire chacun le désignait ouvertement : c'était M. Thiroux de Crosne, intendant de Rouen, l'ennemi acharné de M. de Calonne, dont M. Lenoir était le séide, et l'ami du baron de Breteuil, dont M. Lenoir était l'adversaire déclaré. On disait même, mais cela bien bas, que M. de Crosne était une créature, non avouée, du duc de Chartres et que le parti, de ce dernier, avait obtenu adroitement ce triomphe.

M. Lenoir avait toujours rempli la charge qui lui avait été confiée, en homme actif et intègre : sa chute était le résultat d'une intrigue de cour.

D'un autre côté, cependant, en présence des événements qui se préparaient, le lieutenant de police ne pouvait maîtriser un soupir de soulagement, en songeant qu'il allait déposer un lourd fardeau.

Le procès du collier, ce procès qui devait porter un si rude coup à l'édifice monarchique, commençait à travailler tous les esprits. La reine, le cardinal de Rohan se voyaient compromis dans cette ténébreuse histoire des diamants escroqués aux joailliers Bœhmer et Bassanges. M. Lenoir avait été effrayé en sondant les profondeurs de cet abîme, qui s'ouvrait tout à coup sous les pas de son administration, et souvent il avait passé de longues heures douloureuses à méditer sur la conduite qu'il devait tenir.

La nomination de M. de Crosne, que tout le monde tenait pour assurée depuis une semaine, venait précisément arracher M. Lenoir à ses terreurs anxieuses, et cependant cette destitution dont il était menacé, le trouvait fort peu résolu à la résignation.

Par un sentiment naturel à tous les hommes en place et qui n'est pas l'un des caractères les moins distinctifs de l'employé, à quelque classe qu'il appartienne, cette charge dont il maudissait, la veille, la lourdeur, le jour où il pensa qu'elle pouvait glisser de ses mains, il se prit à la regretter de toutes ses forces. Toute autre pensée s'effaça pour faire place à la colère sourde que faisait naître, en lui, une destitution imméritée.

Le 10 août 1785, à six heures du matin, le lendemain de la mort de la pauvre Mᵐᵉ Bernard, et le jour même où devait être prononcé le jugement du marquis d'Herbois et du vicomte de Renneville, M. Lenoir parcourait, à grands pas, son cabinet, s'arrêtant de temps à autre par un mouvement machinal et froissant de la main, les papiers qui encombraient une immense table de Boule placée au centre de la pièce. Plus d'une demi-heure s'était écoulée déjà dans cette pantomime expressive, lorsque la portière de tapisserie, qui séparait le cabinet d'un salon formant antichambre, fut soulevée discrètement, et un huissier, vêtu de noir, se glissa sur le tapis.

— Monseigneur... fit-il à voix basse et comme s'il craignait de troubler la rêverie du lieutenant de police.

— Qu'est-ce ? demanda M. Lenoir en se retournant brusquement.

— Monseigneur, c'est une personne qui sollicite instamment l'honneur d'être reçue.

— Quelle est cette personne ?

— Un homme jeune encore et qui a refusé de dire son nom.

— A-t-il une lettre d'audience ?

— Non, monseigneur.

— Alors, qu'il s'adresse au secrétaire !

— Il refuse également. Il prétend que c'est à monseigneur seul qu'il doit parler.

— Et il ne veut pas dire qui il est ?

— Non, monseigneur ! C'est le même personnage qui s'est présenté à l'hôtel, cette nuit à deux heures du matin, et qui prétendait que l'on réveillât, sur l'heure, monseigneur.

Le sergent de la prévôté l'a repoussé et il s'est installé devant la grande porte. Depuis ce moment, il n'a pas bougé de place jusqu'à l'heure où il a aperçu, du dehors, monseigneur traverser le salon pour se rendre à son cabinet. Alors, il a recommencé ses instances de telle sorte, que l'on a cru devoir prévenir Monseigneur.

M. Lenoir réfléchit profondément. Dans la situation

où il se trouvait, il eût été peu habile d'éconduire un homme qui avait peut-être à lui faire quelque révélation importante.

Contrairement au sage, dans le doute, la police ne doit jamais s'abstenir.

— Introduisez cet homme ! dit M. Lenoir après un moment de silence.

L'huissier sortit et rentra presque aussitôt, soulevant la portière, pour laisser passage au persévérant visiteur.

M. Lenoir toisa le personnage introduit et se vit en présence d'un homme de taille ordinaire, entièrement vêtu de noir, mais dont la physionomie, froidement énergique, dénotait une intelligence supérieure. Assez satisfait de cet examen, le lieutenant de police fit un pas vers le mystérieux personnage.

— Vous avez demandé à me parler ? dit-il.

— Oui, répondit le visiteur matinal. Voici quatre heures que je sollicite cet honneur, car j'étais à la porte de cet hôtel à deux heures du matin, mais on m'a répondu que M. le lieutenant de police reposait...

— Eh bien ? fit M. Lenoir étonné du ton presque ironique avec lequel avaient été prononcées les dernières paroles.

— Je croyais que le chef de la police du royaume ne devait jamais se reposer ! répondit froidement l'interlocuteur du magistrat.

M. Lenoir fit un pas de plus en avant :

— Votre nom ? dit-il.

— Fouché !

— Fouché ! répéta M. Lenoir en paraissant chercher dans ses souvenirs. Pourquoi avez-vous refusé de vous nommer ?

— Parce que mon nom eût été une recommandation

mauvaise. Ne me croyez-vous pas, d'après le rapport de vos hommes, l'un des agents du duc de Chartres?

Le lieutenant de police tressaillit : la mémoire lui revenait. Il se rappelait la lettre écrite par le duc de Chartres, lettre que lui avait remise le courrier infidèle, et les ordres qu'il avait ensuite donnés à Jacquet.

Regardant fixement l'oratorien :

— Que me voulez-vous ? reprit-il.

— Vous donner un bon avis, répondit Fouché, et solliciter une faveur dont tout le profit doit être pour la justice du royaume.

— Quel est cet avis ? quelle sera cette faveur ? Parlez ! j'écoute ! fit M. Lenoir assez étonné de l'étrange façon dont se présentait le solliciteur.

— Cet avis, reprit l'oratorien avec un sang-froid parfait, cet avis est que la police vient d'être la dupe du gibier auquel elle doit faire la chasse. Elle a été jouée complètement par ses ennemis naturels. Vous ne comprenez pas ? Rappelez-vous les ordres que vous avez donnés à l'un de vos principaux agents, relativement à un certain voyage que j'entreprenais il y a un mois, pour me rendre à Saint-Nazaire. Vous savez, sans doute, ce que j'allais faire dans cette ville?

— Expliquez-vous nettement, dit le lieutenant de police, sans répondre directement à la question.

— Soit ! J'allais à la recherche de la fille de Bernard le teinturier de la rue Saint-Honoré.

— Eh bien ! cet enfant ? l'avez-vous retrouvé ? demanda M. Lenoir en se rapprochant vivement de l'oratorien.

— Je l'ai retrouvé ; pour moi, cela ne fait pas un doute, répondit Fouché.

Un éclair rapide brilla dans les yeux du lieutenant de police.

— Mais, continua l'oratorien, il est aujourd'hui matériellement impossible de reconnaître l'enfant.

— Comment ?

— On l'a défiguré à l'aide de compositions corrosives, et on lui a prodigué des stupéfiants qui ont détruit, peut-être à tout jamais, les fonctions de l'intelligence. Aujourd'hui, la fille de Bernard est méconnaissable et elle est incapable de reconnaître qui que ce soit. Les preuves de son identité font absolument défaut !

— Monsieur, reprit M. Lenoir après un léger silence, c'est une dénonciation dans toutes les formes que vous me faites là, et une dénonciation d'un crime horrible.

— Je le sais ! dit Fouché avec le plus grand calme.

— Et savez-vous aussi quel est l'auteur de ce crime ?

— Je le sais également.

— Nommez-le !

— Le comte de Sommes !

En entendant prononcer le nom de celui qu'il savait être le favori du duc de Chartres, M. Lenoir tressaillit violemment.

— Les preuves que cette accusation est fondée ? demanda-t-il d'une voix brève.

— Ces preuves, répondit Fouché, je ne puis vous les donner sur l'heure, mais accordez-moi ce que je vais vous demander, et, avant quinze jours, elles seront entre vos mains.

— Que demandez-vous ?

— Des pleins pouvoirs pour agir à ma guise suivant les circonstances.

M. Lenoir haussa les épaules.

— On n'accorde à personne une telle faveur, répondit-il.

— Quelqu'un répondra pour moi, dit Fouché.

— Qui ?

— Jacquet !

— Jacquet ? répéta M. Lenoir avec étonnement.

— Oui, dit Fouché avec un sang-froid imperturbable. Jacquet ! l'agent que vous aviez attaché à mes trousses alors que le comte de Sommes, se jouant de vous, m'envoyait par un courrier infidèle une lettre du duc de Chartres, qui devait me tenir en suspicion. Ayant perdu nos traces depuis Arpajon, il ne nous a rejoints qu'à Saint-Nazaire. Là, il a facilement découvert le but de la mission que nous nous étions donnée. Comprenant tout, il devina que, par ricochet, il était lui-même la dupe des auteurs d'un crime dont il connaissait l'existence. En homme intelligent, il vint à moi, et, de notre conversation, résulta la lueur lumineuse qui devait éclairer notre situation réciproque. Lui aussi avait accusé jadis, auprès de vous, le comte de Sommes d'être l'auteur du rapt de l'enfant du teinturier Bernard. Et à lui alors, comme à moi maintenant, vous demandiez des preuves. Eh bien ! ces preuves, donnez-nous aujourd'hui les moyens de vous les fournir, et nous vous les fournirons ! Le voulez-vous ? Voilà ce que je viens vous demander !

Dans le rapport de Jacquet, fait au lieutenant de police, le jour de la première visite, à Versailles, de M. de Niorres à M. Lenoir, l'accusation contre le comte de Sommes avait été posée, mais M. Lenoir, craignant d'attaquer un ami intime du duc de Chartres, avait étouffé cette affaire.

Mais dans la situation présente, M. Lenoir ne devait plus être sous la même influence. M. de Crosne, appartenant au duc de Chartres, était désigné comme devant être le prochain successeur du lieutenant de police actuel, donc les amis du duc de Chartres devenaient naturellement les ennemis de M. Lenoir. S'il devait tomber, M. Lenoir entrevoyait une certaine consolation à sa chute dans la perte de l'un des favoris de Son Altesse. Aussi sa physionomie animée reflétait-elle l'activité fiévreuse qu'avait donnée, à son esprit, la déclaration si précise de Fouché.

Se rapprochant d'un cordon de sonnette, il l'agita vivement.

— Jacquet ! dit-il à l'huissier qui souleva la portière de tapisserie.

Puis, se retournant vers Fouché :

— Pourquoi, demanda-t-il, avoir attendu si tard pour me prévenir ?

— Parce que, répondit Fouché, je ne pouvais, jusqu'à l'accomplissement du voyage, faire que des suppositions, et je ne suis revenu qu'hier soir. Depuis longtemps, il est vrai, je tenais les fils de cette intrigue dont le dénoûment occupe aujourd'hui toutes mes pensées, depuis longtemps j'avais songé à venir vous confier le secret dont j'étais dépositaire, mais, je vous le répète, les preuves matérielles me faisaient défaut et m'ont toujours arrêté au moment où j'allais venir à vous. Je devais attendre, j'ai attendu. Je voulais, avant de m'adresser à la justice, avoir ces preuves à lui offrir. l'identité de l'enfant volé devait m'en fournir de suffisantes. Donc, avant de parler, je devais voir par moi-même.

— Mes ces preuves dont vous me parlez aujourd'hui, comment espérez-vous les avoir ?

— Je vais vous le dire...

Un léger coup frappé à l'huis interrompit l'oratorien. La portière se souleva de nouveau et M. Jacquet fit son entrée dans le cabinet du lieutenant de police.

Celui-ci lui fit signe d'approcher.

— Vous connaissez cet homme ? demanda-t-il en désignant Fouché.

— Parfaitement ! répondit Jacquet.

— Et vous en répondez ?

— Comme de moi-même.

— Ainsi donc, nous avons été joués ?

— Complètement, monseigneur. Nous avons été ancés sur une fausse piste. Heureusement que le flair n'a pas fait longtemps défaut et que j'ai su retrouver la bonne voie. Monseigneur se rappelle ce que je lui ai dit ? Eh bien ! tout ce que j'avais affirmé était vrai. Le comte de Sommes a volé l'enfant de Bernard pour conserver, à Mme d'Horbigny, la fortune que lui enlevait la mort de sa fille. Cela ne fait aucun doute.

— Mais les preuves ? s'écria M. Lenoir.

— Nous les aurons, cette fois, j'en réponds !

— Moi aussi, ajouta Fouché.

— De plus, reprit Jacquet, monseigneur se souvient également de la déclaration que je lui avais faite, d'un homme se faisant mon Sosie au point de tromper mes agents ?

— Oui ; eh bien ?

— Eh bien ! je sais quel est cet homme ; M. Fouché m'a aidé cette nuit à le dépister.

— Qui est-ce ?

— Un forçat évadé nommé Roquefort, se cachant à Paris sous le nom Roger, se disant tantôt agent d'usure, tantôt employé du ministère de la maison du roi : c'est sous ce titre, qu'il a agi auprès de Gorain et de Gervais, les amis de Bernard.

— Roger ! répéta le lieutenant de police. Celui qui vient de jouer un rôle dans le procès d'Herbois et de Renneville ?

— Probablement, monseigneur.

— Et ce Roger est un forçat évadé ?

— C'est le principal auxiliaire du fameux roi du bagne, dont la capture nous semble impossible.

— Oh ! pensa le lieutenant de police, une pareille affaire me conserverait ma charge !

Puis il reprit à haute voix :

— Comment avez-vous découvert cet homme ?

— C'est M. Fouché qui m'a lancé sur la voie, répondit Jacquet, en me mettant en présence, la nuit dernière, du sieur Gorain, lequel venait de quitter Roger. Ce soir nous pouvons l'arrêter, si nous le voulons, à l'endroit où il a rendez-vous avec les bourgeois.

— Mais il sera prévenu par Gorain.

— Gorain est à cette heure prisonnier dans ma chambre.

M. Lenoir fit un signe approbatif.

— Mais quel rapport, reprit-il, y a-t-il entre ce Roger et l'affaire de l'enfant volé ?

— Un parfaitement direct, monseigneur, car Roger a tout tenté pour empêcher M. Fouché d'arriver à Saint-Nazaire.

Et Jacquet, entrant dans quelques détails, raconta les principales scènes du voyage dans lesquelles Roquefort avait joué un rôle si important.

— Si ce Roquefort est l'agent principal du roi du bagne, dit le lieutenant de police, il agissait dans cette circonstance pour le compte de son chef ?

— Sans aucun doute ! dit Fouché.

— Alors le roi du bagne aurait donc un intérêt dans l'affaire de l'enfant du teinturier?

— Cela est de toute évidence.

— Et cependant vous accusez le comte de Sommes !

— Le comte de Sommes est très certainement coupable ! C'est lui qui a fait enlever l'enfant, c'est lui qui l'a envoyé à Saint-Nazaire. Son intérêt dans l'accomplissement de ces crimes est flagrant. C'est lui, enfin, qui m'a fait passer pour un agent du duc de Chartres, dit vivement Fouché.

— Mais comment expliquer ce point de relation qui semble exister entre le comte de Sommes et le roi du bagne?

— Voilà effectivement l'endroit mystérieux qu'il importe si fort d'approfondir, et ce que, moi, je me charge de faire. Accordez-moi des pleins pouvoirs, laissez-moi agir sous la surveillance de Jacquet, et avant quinze jours j'aurai vu clair dans cette affaire ; avant quinze jours j'aurai mis entre vos mains, le comte de Sommes, le roi du bagne et tous leurs complices.

Tandis qu'il parlait, les yeux de Fouché s'animaient d'un feu sombre : sa physionomie, ordinairement froide et impassible, révélait une expression intelligente dont l'éclat n'était pas ordinaire.

On comprenait que ce qu'il promettait, cet homme était certain de le tenir.

M. Lenoir réfléchissait profondément.

— Mais avant tout, dit Jacquet en s'approchant du lieutenant de police, il est une arrestation indispensable et qui doit être faite sans tarder d'une minute.

— Laquelle? demanda M. Lenoir.

— Celle de Pick !

— Pick ! répéta le lieutenant de police.
— Cet agent est vendu au roi du bagne, monseigneur.
— Pick trahit ?
— Je l'affirme sur ma tête. Si je me trompe, monseigneur agira contre moi : liberté pour liberté, j'accepte l'enjeu. Si monseigneur se refuse à ce que je lui demande, je ne réponds de rien ! Pick a tous les secrets de la police et il les livrera à ses amis.

M. Lenoir se promenait à grands pas en hésitant, évidemment, sur le parti qu'il avait à prendre.

Fouché le suivait d'un œil attentif, étudiant tous les jeux de sa physionomie et cherchant à deviner les pensées qui s'abritaient sous ce front chargé de nuages.

L'oratorien, en dépit de son calme apparent, semblait être dans une anxiété profonde.

Jacquet attendait la réponse de son chef, avec l'impatience du limier qui flaire le cerf.

Enfin M. Lenoir, s'arrêtant brusquement, se tourna vers Fouché :

— Vous engagez-vous, sur votre liberté à venir, à tenir les promesses que vous venez de me faire ? dit-il d'une voix lente.

— Je m'y engage ! répondit Fouché.

— Quelle récompense voulez-vous, si vous réussissez ?

— Aucune.

M. Lenoir regarda l'oratorien avec un étonnement qui eût pu paraître comique en toute autre circonstance.

Fouché devina que cette réponse extraordinaire devait sembler étrange au magistrat.

— En vous servant, je me sers, dit-il. J'ai intérêt à constater la vérité.

— Rappelez-vous que vous jouez un jeu dangereux, reprit le lieutenant de police.

— J'en accepte les chances !

— Et bien ! dit M. Lenoir, je vais vous mettre à même d'agir efficacement. Jacquet mettra à votre disposition ses hommes les plus adroits et les plus actifs, qui vous obéiront sans réserve, et je vais signer, immédiatement, l'arrestation de Pick.

— Enfin ! dit Fouché en laissant échapper un soupir de soulagement.

Si M. Lenoir se décidait vite à donner à un homme, qu'il ne connaissait pas, cette preuve de confiance, il n'agissait pas cependant aussi légèrement qu'on pourrait le supposer.

Quoique l'administration de la police fût bien loin, au XVIII° siècle, de posséder cette finesse, cette ruse, cette habileté qu'elle devait acquérir plus tard et qui allait bientôt réaliser la fable des cent yeux d'Argus, elle était néanmoins assez savamment dirigée pour que le chef suprême eut connaissance de bien des secrets, que la prudence lui imposait parfois de paraître ignorer. M. Lenoir possédait des indices qui le disposait à ajouter foi à l'accusation formulée par Jacquet et par Fouché. Il savait que Pick avait des intelligences avec les ennemis de la sûreté publique, mais Pick lui avait été utile jusqu'alors et il avait cru devoir continuer à s'en servir. Il n'ignorait pas, non plus, la terrible individualité du roi du bagne. Bien souvent, il avait concentré toutes les forces, dont il disposait, pour accomplir la capture importante de ce chef des forçats, mais toujours, en tous lieux et en tous temps, il avait échoué.

La police ne devant jamais paraître impuissante, le magistrat avait caché, avec soin, ses tentatives infructueuses, et ce mystère, dont était entourée l'existence du roi du bagne, avait merveilleusement servi les intérêts de celui-ci. Or, dans sa situation présente, le lieutenant de police comprenait plus que jamais toute l'importance qu'aurait la réussite de l'arrestation d'un tel personnage. S'il devait abandonner sa charge, la capture du roi du bagne la lui faisait quitter sur un coup d'éclat, et peut-être que cette capture, jointe à une affaire comme celle de l'accusation du comte de Sommes, la lui conserverait-elle encore de longues années. Hésiter longtemps était impossible : la nomination de M. de Crosne était imminente : il fallait la prévenir. De plus, M. Lenoir connaissait Jacquet pour un agent des plus adroits et des plus honnêtes. Sa garantie lui paraissait donc suffisante. Enfin Fouché lui semblait doué d'une intelligence, tellement supérieure qu'il croyait devoir donner, un peu au hasard, pour s'attacher un pareil homme. Donc, il avait pris rapidement son parti.

M. Lenoir s'était assis devant la table de Boule et écrivait rapidement.

Un silence profond régnait dans la pièce. Tout à coup un bruit sourd se fit au dehors, la portière fut écartée violemment, les deux battants de la porte du cabinet s'ouvrirent avec fracas :

— Ordre du roi ! dit l'huissier d'une voix claire.

Un personnage, richement vêtu, franchit le seuil de la pièce et marcha droit vers le lieutenant de police, lequel s'était levé subitement pour aller à sa rencontre. Le personnage s'inclina, sans mot dire, et présenta un large pli scellé aux armes de France.

M. Lenoir déchira l'enveloppe d'une main agitée par un mouvement fébrile et développa l'épître. C'était ce qu'on nommait alors une lettre de cachet.

M. Lenoir la parcourut rapidement ; puis, s'inclinant à son tour :

— Veuillez dire à Sa Majesté, fit-il d'une voix légèrement émue, que ses volontés vont être accomplies sur l'heure et qu'elle n'a pas, dans tout son royaume, un serviteur plus humblement dévoué que moi.

Le personnage, tout chamarré de broderies, salua et sortit. M. Lenoir prit sur son bureau les papiers qu'il venait de signer et les déchira.

— Que faites-vous ? s'écria Fouché.

— Monsieur, répondit M. Lenoir, c'est à mon successeur qu'il faut demander un plein pouvoir. Je ne suis plus lieutenant de police ; le roi vient de me prévenir qu'il me retirait cet emploi !

Fouché demeurait immobile, les sourcils contractés et les lèvres frémissantes. M. Lenoir, craignant sans doute de laisser lire, sur son front, la douleur secrète que ressentait son orgueil blessé, quitta aussitôt la pièce.

— M. de Crosne est nommé, et M. de Crosne ne laissera pas planer une accusation sur le favori du duc de Chartres ! dit Jacquet avec découragement.

— Oh ! murmura l'oratorien avec rage, tout est donc à la faveur, à la sottise et à l'aveuglement ? Décidément, il faut une organisation nouvelle à la place de cette vieille machine monarchique.

Puis reprenant à voix haute :

— Allons ! dit-il, nous n'avons plus rien à faire ici : le temps de la justice n'est pas venu !

— Nous sommes en présence de plus forts que nous ! répondit Jacquet en suivant Fouché qui franchissait le seuil du cabinet.

Dans le salon d'attente, Jacquet se trouva nez à nez

avec un homme de haute taille, lequel lui adressa un gracieux sourire.

— Monsieur Pick! fit Jacquet en reculant d'un pas.

— Lui-même, cher monsieur Jacquet, répondit l'obséquieux personnage. Lui-même, et qui voudrait bien ne pas être ici en ce moment...

— Vous avez quelque désagréable nouvelle à m'annoncer? dit Jacquet en se remettant.

— Croyez, cher monsieur Jacquet, que je suis au désespoir...

— Qu'est-ce c'est? interrompit Jacquet.

— Vous savez que M. Lenoir, ayant sollicité du roi la permission de prendre un repos nécessaire, Sa Majesté a daigné lui accorder cette faveur...

— Et nommer M. de Crosne à sa place? dit Jacquet avec impatience.

— C'est cela même.

— Eh bien! j'approuve fort cette résolution prise par Sa Majesté. Est-ce là tout ce que vous aviez à m'apprendre?

— Pas précisément?

— Alors... je vous écoute, monsieur Pick? Qu'y a-t-il encore qui puisse me concerter?

— Peu de chose, cher monsieur Jacquet. Un petit ordre de M. de Crosne, qui va vous permettre d'imiter M. Lenoir et de jouir, enfin, de quelques instants de liberté...

— Je suis cassé? demanda Jacquet sans manifester la moindre émotion.

— Non... mais vous êtes invité à demeurer jusqu'à nouvel ordre éloigné de Paris de plus de vingt lieues. Je crois que vous aurez Orléans pour séjour.

— Très-bien! Dois-je partir de suite?

— Je pense que oui.
— Puis-je me rendre chez moi en ce moment?
— Je crois que non.
— Mais j'ai des papiers importants...
— M. de Crosne a envoyé quelqu'un prendre soin de ces papiers. Soyez sans crainte !

Jacquet ne sourcilla pas. Il demeura calme et parfaitement maître de lui-même.

— Est-ce vous, monsieur Pick, qui êtes chargé de m'arrêter et de me conduire à ma nouvelle résidence? demanda-t-il.

— En aucune façon, cher monsieur Jacquet, répondit Pick. Je ne suis porteur d'aucun ordre vous concernant. Seulement, je sais qu'un exempt et une voiture vous attendent au bas de cet escalier, et j'ai voulu vous prévenir moi-même, pensant que le coup serait moins douloureux, étant porté par une main amie...

— Grand merci ! fit Jacquet en s'inclinant. Croyez à toute ma reconnaissance.

Et l'agent évincé salua son rival triomphant, avec un charmant sourire, puis il marcha d'un pas ferme vers cet escalier, au bas duquel il devait abandonner sa liberté.

Fouché n'avait pas perdu un mot de cet entretien et son œil scrutateur cherchait à deviner ce qui se passait au fond de l'âme de chacun des deux interlocuteurs.

— Dupé et disgracié ! murmura Jacquet en posant le pied sur la première marche de l'escalier. C'est trop de moitié, mais patience ! L'avenir est là !

— Eh bien? lui dit Fouché en ralentissant sa marche, nos ennemis triomphent, nous sommes battus, la jolie mignonne est perdue et bien perdue... nous n'avons plus qu'à courber la tête et à reconnaître notre défaite.

Jacquet lança un regard profond à l'oratorien.

— Savoir attendre est le premier mot de la sagesse humaine, dit-il, et M. de Crosne ne sera pas toujours lieutenant de police !

Fouché saisit la main de Jacquet et la pressa fortement.

— Bien ! fit-il à voix basse. Vous êtes un homme ! nous nous reverrons !

— En attendant, que ferez-vous ?

Et Jacquet accompagna cette phrase d'un geste singulier : on eût dit qu'il traçait dans l'air un signe symbolique et mystérieux. Fouché demeura un moment étonné, mais se remettant promptement en répondant au signe de Jacquet par un geste de la main, tout aussi mystérieusement étrange :

— Je ferai, dit-il, ce que doit faire tout ennemi du privilège et de l'injustice : je marcherai dans le sentier de la liberté !

Jacquet atteignait alors le vestibule de l'hôtel du lieutenant de police. Une voiture tout attelée stationnait devant le perron, et un exempt de la prévôté se tenait à la portière. Fouché jeta, à son compagnon, un dernier coup d'œil d'intelligence et il s'élança dans la cour, tandis que l'exempt s'avançait vers Jacquet.

Pendant que cette petite scène avait lieu au bas du grand escalier, M. Pick, le regard triomphant et redressant sa haute et flexible taille, était entré dans le cabinet du lieutenant de police, demeuré désert depuis la sortie de M. Lenoir, et celle de Fouché et de Jacquet. Des papiers lacérés gisaient à terre : c'étaient ceux que M. Lenoir avait déchirés en apprenant sa disgrâce. Pick les ramassa et les interrogea curieusement du regard :

— Eh bien ? demanda une voix ironiquement brève.

Pick se retourna et vit devant lui un homme portant la livrée du nouveau lieutenant de police. L'agent fit un geste de stupéfaction empreint d'une respectueuse terreur.

— Eh bien, répondit-il, il était temps. Si la lettre de cachet fût arrivée dix minutes plus tard, Jacquet et Fouché avaient pleins pouvoirs.

Et il tendit, au valet, les papiers qu'il venait de ramasser sur le tapis.

XVIII

LA PLACE DU CHATELET

En quittant l'hôtel du lieutenant de police, Fouché s'était dirigé vers la place du Châtelet. Un grand concours de monde envahissait une partie du quai et toute la façade du vieux bâtiment. C'était ce jour-là que devait être prononcé le jugement du marquis d'Herbois et du vicomte de Renneville. La foule, avide et curieuse, qui n'avait pu trouver place dans l'intérieur de l'enceinte, où se dénouaient les diverses phases du drame émouvant qui préoccupait si fort tous les esprits, la foule encombrait les abords du Châtelet, tous se pressant pour être les premiers à connaître le résultat du procès.

Bien peu, parmi tous ceux qui encombraient la place, s'intéressaient au sort des deux accusés. Les uns prétendaient que les juges n'oseraient condamner deux gentilshommes comme de vils assassins. Les autres juraient que justice serait enfin rendue, et que, précisément parce que les accusés étaient de vieille noblesse, ils devaient être condamnés comme exemple.

Mais, près du pont, à proximité de la fraîcheur de la rivière et profitant d'un peu d'ombre que projetait la grosse tour, se tenait un petit groupe composé de plusieurs personnes attendant, avec anxiété, le prononcé du jugement, uniquement au point de vue des accusés.

C'étaient d'abord Mme Lefebvre et son mari, puis Tallien et Michel, Augereau et Nicolas, Hoche, et enfin le brasseur Santerre, qui, mû par un sentiment de simple curiosité, était venu se mêler à la foule. Depuis quelques instants, Mme Lefebvre tenait la parole et paraissait intéresser, au plus haut point, tout son auditoire.

— Et depuis ce matin vous n'avez pas revu Mahurec ? demanda Michel en voyant la blanchisseuse suspendre son récit.

— Non ! répondit Mme Lefebvre.

— De sorte que vous ignorez si le bailli de Suffren lui a tenu parole ?

— Je l'ignore absolument. Mais aussi, voyez cet imbécile qui, parce qu'il se trouve en présence du roi, au lieu de lui raconter tout simplement la chose, perd la tête et devient plus muet qu'une carpe !

— Eh bien ! moi je le comprends, dit une voix joyeuse.

— Tiens ! monsieur Joachim ! s'écria la mère Lefebvre en voyant le jeune soldat nouvellement enrôlé se glisser au milieu du groupe.

— Moi-même, Mme Lefebvre, et j'arrive à point pour défendre le matelot en question. Vous dites qu'une fois, en présence de Louis XVI, il n'a pu trouver une parole ?

— Dame ! c'est lui-même qui me l'a avoué. Il paraîtrait que, quand le bailli l'a poussé en avant en face du roi, Mahurec y a vu trente-six millions de chandelles, et puis sa langue s'est collée à son palais, et va te promener ! plus personne !

— Et l'amiral n'a pas parlé pour lui ! dit Augereau.

— Si fait ! mais ça n'était pas la même chose. Mahurec en aurait dit plus long, s'il avait pu retrouver la parole. Enfin il paraît que le roi l'a bien reçu, et puis il l'a mis à la porte, voilà !

— Ce pauvre garçon ! ajouta Lefebvre ; il avait l'air désolé hier soir.

— Tiens ! pardi ! il y avait de quoi : il adore ses lieutenants, et au moment d'obtenir leur grâce, il reste bête comme un poisson qui perd l'eau. Ah ! si ç'avait été moi.

— Le fait est, dit Lefebvre, que tu t'en serais proprement tirée.

— J'ose le dire.

— Et Mahurec n'a pas revu le bailli ? demanda Tallien.

— Non. Il a couru à Versailles ce matin pour tâcher de le rencontrer et de revoir le roi, mais s'il n'en fait pas plus que la première fois, ce sera bien peine perdue !

— Après tout, dit Michel, MM. d'Herbois et de Renneville ne seront peut-être pas condamnés.

Un silence accueillit cette supposition que personne ne pensait admissible. Chacun croyait à la culpabilité des deux jeunes gens.

En ce moment un léger mouvement se fit dans un groupe voisin, et deux nouveaux personnages arrivèrent près de celui formé par la mère Lefebvre et ses compagnons. Ces deux personnages, tous deux vêtus de noir et en deuil, étaient M. Gervais et Jean, le garçon teinturier. Gervais était blême et avait le regard inquiet. Jean avait les yeux gonflés, les paupières rouges et les joues marbrées, comme s'il venait de pleurer longuement.

En les voyant tous deux, Mᵐᵉ Lefebvre poussa un profond soupir.

— Eh bien ! mon pauvre garçon, dit-elle à Jean, tout est fini ?

— Hélas oui ! répondit le jeune homme ; la pauvre Mᵐᵉ Bernard est maintenant dans sa dernière demeure.

— Et Bernard ?

— Oh ! le cher homme ! il fait pitié. Il s'est évanoui là-bas... Il a fallu l'emporter...

— Vous n'avez pas vu Gorain par ici ? demandait Gervais, pendant ce temps, au maître d'armes.

— Ni vu, ni connu ! répondit Augereau.

— C'est bien singulier !

— Quoi ! est-ce que M. Gorain serait perdu ? Ce serait dommage.

— Je ne sais pas s'il est perdu, mais hier soir je l'ai quitté en sortant de chez Bernard. Ce matin nous devions aller ensemble à l'enterrement de cette pauvre femme... et il n'est pas venu. Je suis allé chez lui, sa femme est dans une inquiétude mortelle : il n'était pa rentré depuis la veille, et...

— Ah ! M. Danton ! s'écria Michel en apercevant l'avocat qui se dirigeait vers la tête du pont. Il vient du Châtelet, nous allons savoir !...

Chacun fit un mouvement en avant pour se porter à la rencontre de l'avocat. Danton s'avançait à travers la foule, suivi du chirurgien Marat, dont la face exprimait une sorte de joie féroce. Les questions se croisèrent avant que l'avocat eût pu ouvrir la bouche :

— Les juges délibèrent, dit-il. Rien n'est encore terminé, mais dans une demi-heure le jugement sera rendu.

— Seront-ils condamnés? demanda Michel.

— Parbleu! répondit Marat, croyez-vous que parce qu'ils sont nobles, ils doivent échapper à la justice?

— Ils pourraient être innocents!

Le chirurgien fit entendre un sifflement railleur.

— Vous les avez vus? demanda Mᵐᵉ Lefebvre à Danton.

— Parfaitement, répondit l'avocat.

— Et comment sont-ils?

— Toujours les mêmes! Impassibles!

— Parlent-ils?

— Ils continuent à garder un silence absolu, ce silence qui serait leur perte s'ils n'étaient pas coupables, mais il est malheureusement évident qu'ils le sont!

— C'est égal! ces pauvres jeunes gens! ils m'intéressent!

— Pas moi! dit Lefebvre. Des soldats auraient dû agir autrement et ne pas se laisser abîmer par ces robes noires. Pourquoi ne se sont-ils pas tués?

— Le vicomte voulait mourir, dit vivement Danton. Le marquis l'en a empêché.

— Il a eu tort!

— Peut-être!

Comment cela?

— La mort eût été un aveu?

— Eh! puisqu'ils sont coupables!

— Mais ils ne l'avouent pas. D'ailleurs, ils sont coupables, tout le prouve; mais cependant il y a dans cette affaire un côté étrangement mystérieux. Je sais que le vicomte voulait mourir, que le marquis lui-même avait un moment adopté cette résolution, puis par un motif que j'ignore, il a tout à coup changé d'avis et fait jurer à son ami de ne pas chercher à attenter à ses jours.

— Ils espèrent que le roi les graciera ! dit Marat.

— Je ne le crois pas, car ils n'ont tenté aucune démarche à cet égard.

— Ils ne pouvaient rien faire avant d'être condamnés, et d'autres se sont chargés de ce soin...

— A propos, dit Danton, et Mahurec ?

— Il est à Versailles, répondit Lefebvre.

Un frémissement qui parcourut la foule, interrompit la conversation. Chacun se tournait vers la grande porte du Châtelet.

— Le jugement est rendu ! murmura Danton.

L'anxiété la plus vive se peignait sur tous les visages : les rangs se pressaient et un silence profond régna dans la foule.

Quelques hommes descendaient le perron du Châtelet et des flots de curieux se ruaient autour d'eux. Tout à coup un bruissement de voix rompit ce silence lugubre : une même phrase fut répétée avec mille cris coupés et courut comme une traînée, depuis le Châtelet jusqu'au port.

Durant un instant, la foule assemblée ne prononça que les mêmes mots ; puis de véritables hurlements s'élevèrent et des bravos frénétiques éclatèrent à la fois.

— Qu'est-ce donc ? demanda Mᵐᵉ Lefebvre qui n'avait pas encore compris.

— Le marquis d'Herbois et le vicomte de Renneville sont déclarés coupables et condamnés à mort ! s'éc Marat avec une expression de contentement sauvage. Il faudrait, pour donner une leçon au pouvoir, que tous ces insolents courtisans de Versailles entendissent ces cris de joie de la foule !

Et Marat, joignant sa voix à celle de tous ces hommes qui avaient soif de sang aristocratique et qui devaient bientôt se repaître aux journées de septembre, cria à pleins poumons :

— Vive la justice du Châtelet !

En ce moment, au centre même de cette foule agitée, se fit sentir une agitation plus vive. Un homme, paraissant doué d'une force herculéenne et poussé par un sentiment d'une énergie extrême, venait de se ruer vers le Châtelet, écrasant, foulant aux pieds tout ce qui s'opposait à son passage.

Cet homme qui venait de déboucher sur la place par le quai, ruisselait de sueur et agitait fiévreusement en l'air un papier qu'il tenait à la main. Des sons rauques s'échappaient seuls de sa gorge ; ses pieds nus étaient ensanglantés comme s'ils venaient d'accomplir une course furieuse. Ses vêtements, qui étaient ceux d'un matelot de la marine militaire, étaient dans un désordre complet, qu'augmentaient encore les mains qui se cramponnaient à eux pour écarter ou retenir l'homme qu'aucun effort ne pouvait arrêter.

Haletant, épuisé, râlant, le matelot atteignit la grande porte du Châtelet, devant laquelle un huissier venait de clouer l'arrêt rendu. Là, il voulut s'élancer pour pénétrer dans l'intérieur des bâtiments, mais ses forces épuisées l'abandonnèrent tout à coup, et après avoir gravi deux des marches du perron, il roula à terre en poussant un cri ressemblant à un rugissement.

Ses doigts crispés froissaient toujours le papier qu'ils

tenaient et qui était cacheté du grand sceau de l'État.

Cet homme, c'était Mahuree ; ce papier, c'était une lettre de grâce, signée par Louis XVI et qui commuait en un bannissement perpétuel, la peine de mort prononcée contre les deux officiers de marine.

XIX

LES MARRONS DU FEU

Ce soir là, où huit heures sonnaient, deux hommes étaient dans ce boudoir de cet hôtel, qui appartenait au comte de Sommes, à Versailles, s'étendant, l'un sur une ottomane dont il s'était fait un lit de repos, l'autre sur un moelleux fauteuil dans lequel il se prélassait.

Le premier, vêtu fort simplement, était le terrible chef de la grande association, Noël le jardinier, Saint-Jean le valet, le Roi du Bagne, trinité effrayante se perdant en un seul individu, auquel trois individualités différentes semblaient nécessaires pour expliquer la quantité de crimes commis par une seule main. L'autre, costumé élégamment comme un grand seigneur de l'époque, était le bandit Bamboulà, le comte de Sommes, le favori du duc de Chartres.

Tous deux causaient depuis quelques instants à peine ; tous deux jouissaient du triomphe remporté par leurs odieuses machinations.

— L'affaire du bannissement ne me contrarie pas le moins du monde, disait le roi du bagne en s'étendant sur les coussins. Cela, même, cadre mieux avec mes intentions. J'eusse certainement préféré un suicide qui eût terminé les choses plus promptement et plus radicalement ; mais puisque le marquis a su esquiver l'adoption de cette proposition si ingénieusement faite par toi, mieux vaut un exil perpétuel et un départ immédiat que le spectacle d'une exécution publique, et surtout l'attente de cette exécution. Qui sait ce qui aurait pu s'accomplir d'ici là ? Tu comprends, Bamboulà, les deux jeunes gens condamnés par leurs juges, bannis par le roi, sont bien coupables pour tous. La faveur spéciale, dont ils viennent d'être l'objet, prouve encore cette culpabilité ; car on ne gracie pas des innocents. Ils sont perdus ; il n'existent plus pour nous, ni pour le monde. C'est tout ce qu'il nous faut. Qu'ils soient enterrés en France ou qu'ils vivent aux grandes Indes, c'est pour nous la même chose. Ils ne se trouvent plus entre nous et la fortune, mais bien entre nous et l'accusation. Donc tout est bien, et le but est atteint.

— Où sont-ils ? demanda Bamboulà.

— Je l'ignore, et fort peu m'importe ! Tout ce que je sais, c'est qu'ils sont partis il y a deux heures pour Brest, sous bonne escorte, et que j'ai donné des ordres pour que, sur toute la route, mes hommes veillent à ce que la maréchaussée fasse son devoir, lui prêtent main-forte au besoin ; qu'enfin les prisonniers ne puissent parvenir à s'échapper. Je sais encore qu'un navire mettra à la voile dès leur arrivée... Ensuite, ils iront où le roi les enverra... Ce qu'il y a de certain, c'est qu'ils ne rentreront pas en France, et y rentrassent-ils maintenant, que nous n'avons plus rien à redouter.

— C'est vrai, murmura le comte en faisant un geste d'assentiment.

— A propos, reprit le roi du bagne, il faut que je te félicite. Tu t'es servi du duc de Chartres avec une habileté merveilleuse. La nomination de M. de Crosne est arrivée à point.

— N'est-ce pas ?

— C'est parfait, tu es digne de moi.

— Maintenant parlons de nos affaires...

— Attends, fit le roi du bagne en se soulevant sur son coude ; avant de procéder à la vente de la peau, assurons-nous que l'ours est bien mort. Récapitulons un peu, et voyons s'il serait encore debout un ennemi à redouter. M. Lenoir, qui commençait à devenir inquiétant, est rentré dans l'ombre. Jacquet, qui jouait un double jeu et ne paraissait être à nous que pour nous trahir, Jacquet est dans l'impossibilité de nous nuire. Les deux nièces sont au couvent, Mme Bernard est morte et Bernard est fou.

— Bernard est fou ! interrompit le comte avec étonnement.

— Oui. Quelques heures après l'enterrement de sa femme, sa raison l'a abandonné. Du côté de la petite nous n'avons donc rien non plus à redouter.

— Et Fouché et ses compagnons ?

— Fouché est un habile homme et un gaillard dangereux, je l'avoue ; et je crois que s'il avait le bras plus long, il serait prudent de se tenir hors de portée de ses doigts maigres ; mais seul comme il est, il ne peut rien, absolument rien. D'ailleurs, il a beau savoir bien des choses, il lui faudrait des preuves pour agir, et ces preuves qui lui manquent, il ne les aura jamais, donc, de ce côté encore, absence de danger. Quant à ses compagnons... il ne faut pas en parler. Que pourraient-ils même tenter.

— N'importe ! dit Bamboulà. Je crois qu'il eût été prudent de ne pas laisser Fouché sortir de Saint-Nazaire.

— C'est possible ; mais les circonstances ne le permettaient pas, et maintenant, s'attaquer à lui, serait vouloir provoquer un danger inutile.

— Restent nos amis Gorain et Gervais.

— Vétilles ! fit le roi du bagne en haussant les épaules : Roquefort s'en arrangera.

— Alors, il ne reste plus rien à craindre ?

Le roi du bagne sourit d'un air triomphant.

— Eh bien ! Bamboula, mon fils, dit-il avec un accent à demi railleur, auras-tu, à l'avenir, confiance dans les plans que je formerai, et me reconnais-tu digne de donner des ordres ? Tout ce que j'ai prévu ne s'est-il pas accompli de point en point ? Ai-je fait une école ? ai-je commis une faute ? ai-je oublié une précaution à prendre ? Voilà de longues années, tu le sais, que je marche dans la voie que je me suis tracée, et je suis arrivé au bout de la route, sans avoir dévié d'une ligne.

Le comte ne répondit pas ; mais il s'inclina en homme reconnaissant parfaitement la supériorité dont se glorifiait son interlocuteur.

— Maintenant que nous sommes tranquilles, reprit le roi du bagne, passons à nos petites affaires privées, ou plutôt explique-moi toi-même comment tu comprends la situation.

Et le terrible personnage reprenant la position horitale qu'il avait un moment abandonnée, s'étendit nonchalamment sur les coussins de l'ottomane.

— La situation est bien simple, dit le comte. Il ne reste plus de la famille de Niorres que le conseiller, Blanche, Léonore et leur mère. Dans deux mois au plus tard M. de Niorres sera mort. La chose s'explique d'elle-même ; cet homme ne peut survivre à ses enfants ;

la douleur le tuera, rapidement, puisque tu continues ton service auprès de lui jusqu'à ce qu'il ait rendu son dernier soupir.

Le roi du bagne fit un geste affirmatif.

— Donc, poursuivit le comte, il mourra. Le conseiller mort, la fortune immense accumulée sur sa tête passe à ses deux nièces, ses seules héritières. Mais Blanche et Léonore sont, à cette heure, au couvent des Carmélites et elles ont renoncé d'avance à cet héritage. Voici les papiers signés par elles ; voilà l'acte de renonciation tout préparé et qu'elles signeront demain.

Le comte présenta les papiers dont il parlait à son interlocuteur. Celui-ci les parcourut du regard et les lui rendit.

— Très bien ! dit-il.

— M. de Niorres mort, reprit le comte, ses deux nièces renonçant à son héritage, la fortune revient au roi, après un délai de deux années. Nous laissons écouler dix-huit mois pour donner aux événements le temps de s'effacer, puis le fils reconnu de la Madone, se présente, et, ses titres à la main, entre en possession de tous les biens qu'il réclame et que personne ne peut lui disputer. Est-ce cela ?

— Tout à fait cela, répondit le roi du bagne, et d'autant mieux cela même que la renonciation à l'héritage est bien préférable à la mort des deux jeunes filles, en ce que cette mort eût élevé de nouvelles recherches et que nous n'avions, plus là, les marins pour leur faire jouer le rôle de bouc émissaire. Il n'y a qu'un danger.

— Lequel ?

— C'est que l'une des deux nièces ne se lassât du couvent, qu'elle n'en sortît, qu'elle se mariât, et que son époux fit casser la renonciation, en la taxant de surprise, ce qui est possible et serait faisable.

— On veillera à ce que cette circonstance ne se présente pas.

— Très bien ; mais en réfléchissant, il y a peut-être un autre danger.

— Je ne le vois pas.

— Bon ! je le vois, moi.

— Et ce danger serait ?...

— Ce danger, mon cher Bamboulà, serait tout entier pour moi et viendrait de toi !

— Comment ?

— Si l'une des deux nièces finissait par t'aimer et consentait à devenir la comtesse de Sommes ; si l'autre mourait et que toi, ayant l'acte de renonciation, tu l'anéantissais cet acte, afin de devenir possesseur, d'une façon toute naturelle, de la fortune que tu convoites, et dont tu me devras la moitié !

— Quoi ! fit le comte en pâlissant légèrement et en se mordant violemment les lèvres, tu crois que je serais capable...

— Non ! non ! interrompit le roi du bagne en souriant. Je suis certain que tu ne feras rien de tout cela ! C'était une supposition qui me venait à l'esprit, voilà tout ! Continue, mon cher Bamboulà, je t'écoute.

Le comte regarda son interlocuteur, et les regards des deux hommes se croisèrent comme deux flèches acérées. Le comte se demandait si le roi du bagne raillait ou s'il avait lu dans sa pensée, mais bien certain qu'il ne parviendrait pas à démêler la vérité, il détourna les yeux et continua :

Du côté des Niorres et de leur fortune, les choses sont donc limpides. Reste maintenant l'affaire d'Horbigny.

— Oh ! fit le roi du bagne, celle-là n'est plus embarrassante. Mᵐᵉ Bernard est morte, Bernard est devenu fou : l'enfant est abandonné, personne ne le réclamera jamais. D'ailleurs personne ne peut maintenant le reconnaître, et mes préparations chimiques ont pleinement réussi. La marquise peut jouir, dès à présent et sans crainte, de la fortune de son mari.

— Eh bien ! reprit le comte, avant que les dix-huit mois qu'il faut attendre pour réclamer l'héritage des Niorres ne soient écoulés, et tandis que l'affaire du procès s'apaisera et s'oubliera, j'épouserai la marquise.

— De sorte qu'avant deux ans d'ici, tu réuniras dans tes mains l'héritage du vieux marquis et celui du conseiller, c'est-à-dire plus de cinq cent mille livres de revenu. C'est assez joli, cela.

Le comte ne répondit pas. Il devinait, au ton dont avaient été prononcées ces paroles, que le roi du bagne jouait avec lui comme le chat avec la souris qu'il va croquer.

De pâle qu'il était ordinairement, il devint blafard : ses lèvres minces disparurent complètement, ses yeux s'injectèrent de sang, et ses doigts crispés déchiquetèrent les franges soyeuses du fauteuil.

Une crainte vague l'agitait, mille suppositions contraires excitaient sa colère, et pourtant il se contenait.

Le roi du bagne ne parut pas remarquer ce qui se passait en lui.

— Et quelle sera ma part, à moi ? dit-il en hochant la tête. Que me donneras-tu ?

— Que veux-tu prendre ? répondit le comte.

— Dis-moi d'abord ce que tu comptes m'offrir ?

— Mais... moitié... cela est convenu.

Le roi du bagne fit claquer sa langue.

— C'est bien mesquin ! dit-il.

— Hein ? fit le comte en se dressant. Tu ne trouves pas que cela soit assez ?

— Écoute donc ! Tu ne réfléchis pas ! D'abord je suis ton père ; ensuite il me semble que dans tout ce qui s'est passé, j'ai été, moi, l'esprit qui commande et toi seulement le bras qui frappe. Qui donc a fait signer au conseiller la donation dont tu vas revendiquer le profit ? N'est-ce pas moi ? Qui donc t'a tiré de la fange pour te lancer dans le monde et te préparer au rôle que tu devais jouer ? N'est-ce pas moi ? Qui donc a eu la pensée de se servir de l'amour des deux marins ? Qui donc a enlevé la jolie mignonne ? Qui donc enfin a su conserver, à la marquise, la fortune de son mari en cachant, à tous les yeux, la mort de sa fille ? N'est-ce pas moi, encore moi, toujours moi ? Et lorsque le but est atteint, lorsqu'il n'y a plus qu'à recueillir, tu viens m'offrir moitié de tes trésors ? Allons donc, Bamboulà ! tu méconnais ton père, mon enfant !

L'accent du roi du bagne était tellement ironique, tellement railleur, tellement caustique que le comte de Sommes tressaillit et frissonna comme s'il eût été piqué par un serpent.

— Au fait ? dit-il d'une voix brève. Dis ce que tu veux !

— Tout ! s'écria le roi du bagne.

— Tout ? répéta le comte.

Les deux hommes se regardèrent encore. Un silence profond régna dans la pièce. L'expression de chacune de ces deux physionomies eût offert un modèle parfait à un peintre ami des contrastes. Le comte de Sommes, en proie à une rage froide et contenue, offrait sur son visage ces tons verdâtres qu'y impriment la colère et le sentiment de l'impuissance. Le roi du bagne, calme et impassible, dominait son interlocuteur de toute la hauteur de son intelligence, de tout le poids de sa supériorité.

— Ecoute, Bamboulà, reprit-il d'une voix incisive, je vais m'expliquer nettement : Tu es mon fils, cela est vrai, mais pour des hommes tels que moi les liens du sang ne sont rien et n'ont aucune signification. Ce n'est pas parce que tu étais mon fils que je t'ai élevé au rang que tu occupes, mais seulement parce que j'ai reconnu, en toi, un homme supérieur, un esprit en dehors du vulgaire, et tous les genres de ces grandes passions qui font accomplir de grandes choses. Maintenant, je te connais ; je n'ignore aucun de tes défauts. Tu es orgueilleux, tu es hypocrite, tu es ingrat. Si je te mets en possession de la fortune, tu ne me connaîtras plus, car tu n'auras plus besoin de moi. Or, j'ai encore besoin de ton intelligence et de tes services, moi, et je veux te garder sous ma domination. Ces trésors, que j'ai su mettre à portée de ta main, crois-tu que ce soit un sot amour de l'or qui m'ait fait en désirer la possession ? Une pensée, bien autrement grande, me domine. J'ai la royauté du bagne, je rêve, sur la terre, la royauté du mal ! Il faut que tout un pays bouleversé me permette de contenter enfin mes passions inassouvies ! J'aime le sang, Bamboulà, j'aime le meurtre, j'aime le pillage, le désordre, l'anarchie ! Ce qu'il me faut pour vivre et respirer à l'aise, c'est une atmosphère chargée de toutes effluves magnétiques que dégagent les plus mauvaises passions humaines. Oh ! je me connais, Bamboulà ! Je sais ce que je suis. Le destin a fait de moi l'un de ces héros du crime jetés sur la terre comme un fléau; j'accomplirai le rôle que m'a départi la nature. Ma vie est longue, et je prévois ce qui va s'accomplir au milieu de cette société avec laquelle j'ai toujours vécu en lutte. Un cataclysme social est imminent, je l'attends avec impatience. Bien d'autres que moi aspirent à cette heure d'un bouleversement général : les uns mûs, par un mesquin intérêt particulier, obéissant à de plats désirs de vengeance privée, à des stupides envies émanant d'un orgueil plus stupide encore. Les autres croyant à une régénération de l'esprit humain à l'aide de doctrines pompeusement énoncées. Ceux-là poussent, ceux-ci sont poussés, et tous marchent dans un même sentier, tous courent vers un même but. D'effroyables catastrophes se préparent, et cet espoir fait ma joie, car alors, aucune barrière ne sera plus debout entre moi et la satisfaction des passions qui me dominent. Je veux hâter de toutes mes forces ce moment que j'attends depuis de longues années; je veux que tout ce que je possède, que tout ce qui m'obéit me serve dans l'accomplissement de mes projets. Hommes et argent seront prodigués! Comprends-tu, Bamboulà? J'ai besoin de tous ces trésors qui vont devenir nôtres, pour faire, de l'or, un levier puissant qui soulève les esprits. J'ai besoin de ton intelligence à toi, pour appuyer mes efforts; j'ai besoin de ta position, dans le monde aristocratique, pour connaître ce qui s'y passe. Tu seras mon lieutenant, mon espion, mon âme damnée, ma chose enfin. Il faut que tu m'obéisses à mon gré, et tu m'obéiras! Comprends-tu que je ne puisse te donner la fortune pour te donner, en même temps, l'indépendance?

Le roi du bagne s'était levé en terminant ce discours, et sa physionomie, chaudement éclairée par la lumière des bougies, apparaissait sinistre, menaçante et animée par le reflet des passions tumultueuses, qui se heurtaient dans son cerveau. Le comte le considéra avec une émotion qu'il ne chercha pas à cacher. Il croyait connaître cet homme, et il s'apercevait qu'il n'avait jamais jeté la sonde, jusqu'au fond de cette âme aux replis tortueux.

— Pour parler comme tu le fais, dit-il, pour rêver ce que tu rêves, il faut donc que tu haïsses bien profondément l'espèce humaine !

Les yeux du roi du bagne lancèrent deux jets de flammes.

— Oui, je la hais ! dit-il d'une voix pénétrante.

— Que t'a-t-elle fait ?

— Ce qu'elle m'a fait ?... s'écria le terrible personnage.

Puis, s'arrêtant brusquement en faisant un violent effort sur lui-même :

— Tu n'as pas besoin de le savoir, continua-t-il d'une voix calme. L'histoire de mon passé ne concerne que moi, et personne ne la connaîtra jamais ! Au reste, la question entre nous n'est pas là. Revenons à ce qui nous occupe. La fortune, du moins celle de la marquise d'Horbigny, s'élève à près de dix millions de capital. Ces dix millions, je les garde pour moi seul. Je fournirai seulement à l'existence brillante qu'il faut que tu continues à mener. Cela doit te suffire.

Le comte de Sommes soutint, sans sourciller, le regard que le roi du bagne fixait sur lui. Puis, haussant légèrement les épaules, il laissa échapper un rire sec.

— Tu plaisantes ! dit-il.

— Pourquoi ? demanda froidement le chef des forçats.

— Comment ! tu supposes que pour servir tes desseins insensés, pour satisfaire les passions qui te dominent, pour augmenter ta puissance enfin, j'irai, de mon plein gré, renoncer à toutes mes espérances, immoler mon avenir et me faire ton esclave pour parvenir à l'accomplissement de tes plans ? Me prends-tu pour un sot instrument dont on se sert et que l'on brise ensuite, lorsque l'on n'en a plus besoin ? Tu te fais trop d'honneur à toi-même en te donnant pour l'esprit qui a commandé, et tu ne m'en fais pas assez à moi, en me reléguant au rôle stupide du bras qui agit. J'ai droit à ma part, et je saurai la prendre. Je te propose de partager ! Prends garde ! si tu refuses, si tu veux la guerre, tu n'auras rien !

— Le crois-tu ? fit le roi du bagne avec un sourire railleur.

— Si tu as cru prendre tes précautions, j'ai su établir les miennes, continua le comte. Aujourd'hui je ne te crains pas ! Que peux-tu contre moi ? En vérité, tu es fou lorsque tu prétends m'imposer tes volontés ! Je suis libre, entends-tu ! Et que tu me prêtes ton assistance ou non, je saurai arriver à la fortune et fondre celle de la marquise avec celle des Niorres. Tu me menaces d'une révélation ? Allons donc ! Cette menace n'est bonne que pour les niais ! Pour me dénoncer, il faudrait que tu te dénonçasses toi-même. D'ailleurs, je nierais. Quelles preuves as-tu contre moi ?

— Aucune, je l'avoue, dit le roi du bagne.

— Et tu n'oublies pas non plus, je pense, que les relations que j'ai su me créer me serviraient prodigieusement en cas d'attaque ?

— Je ne l'oublie pas davantage.

— Alors, que peux-tu contre moi ?

— Deux choses bien simples : empêcher, d'une part, ton mariage avec la marquise, et, de l'autre, te priver de l'héritage des Niorres.

— Toi, tu peux cela ! s'écria le comte.

— Sans doute !

— Allons donc ! je ne te crois pas !

— Il te faut des preuves ?

— Oui.

Le roi du bagne se laissa retomba sur le divan et reprit sa pose nonchalante.

— Pour l'épouser, dit-il, il faut que la marquise d'Horbigny ait mon consentement tacite à cette union, et ce consentement, je puis le refuser.

— On s'en passera ! dit le comte dont la colère commençait à se faire jour à travers le calme qu'il affectait.

— Je ne le crois pas.

— Pourquoi ?

— Mon Dieu ! pour ce simple motif : c'est que la marquise est déjà bigame, et qu'il dépend de moi de la faire condamner.

— Hein ! s'écria le comte.

— La marquise avait été mariée en Italie avant d'épouser M. d'Horbigny. Son premier mari est encore vivant, et ce mari... c'est moi !

— Toi ! fit Bamboulà avec stupéfaction.

— Eh oui ! moi-même. Rappelle-toi l'histoire de mes mariages, que j'ai racontée devant le duc de Chartres. Ne t'ai je pas dit que l'une de mes femmes, la dernière, était vivante ? Eh bien ! c'est la marquise...

— Elle ! elle ! répéta le comte comme s'il se refusait à croire.

— En veux-tu la preuve ? continua le roi du bagne, elle est facile à donner. Tiens, voici une lettre écrite tout entière de la main de la belle marquise, lettre datée de deux mois à peine, et qui dissipera tous tes doutes. Lis !

Le comte prit le papier que lui présentait son interlocuteur.

— Garde cette lettre et porte-la à la marquise, elle t'en confirmera toutes les expressions, ajouta le roi du bagne.

Une rougeur ardente envahissait le visage du comte.

— Ainsi, s'écria-t-il avec explosion, elle et lui vous vous êtes joués de moi !

— Il le fallait, mon cher ami ! répondit le roi du bagne toujours impassible. Je ne pouvais pas, moi, premier mari de la marquise et pensant à faire un jour valoir mes droits, travailler à faire passer, sur sa tête, tout l'héritage de son second mari. La plus légère indiscrétion nous eût perdus tous deux, car l'on eût pu nous accuser, à bon droit, d'une complicité manifeste. Il fallait demeurer en apparence étrangers l'un à l'autre, et faire adroitement agir un tiers qui nous servît sans s'en douter. C'est la vieille histoire des *marrons du feu*, et qui sera éternellement vraie, tant que le monde sera monde.

Le comte de Sommes courba la tête ; il se sentait dominé par l'infernal génie de son interlocuteur. Il comprenait tout ; il s'expliquait la conduite de la marquise, celle du roi du bagne, et lui, qui avait cru jouer les autres, il était forcé de reconnaître qu'il avait été la dupe de plus adroits.

A cette pensée, son orgueil froissé se joignant au sentiment que lui inspirait la perte d'une partie de cette fortune immense qu'il croyait réunir dans ses mains, amena en lui une surexcitation violente.

Les suggestions les plus opposées et les plus rapides se firent jour dans son esprit, en moins de temps que nous ne mettons à écrire cette phrase.

Le roi du bagne, le regard rivé sur Bamboulâ, semblait lire nettement tout ce qui se passait dans son âme.

— Soit ! s'écria Bamboulâ après un moment de silence. A toi la fortune du marquis d'Horbigny, mais à moi celle des Niorres ! Oh ! je sais ce que signifie ton sourire ! Tu te dis que tu possèdes entre tes mains l'original de cette donation faite en faveur du fils de la Madone, et que pour réclamer l'exécution de cet acte dont je n'ai, moi, que la copie, il me faudra ton assistance. Mais tu n'as pas tout prévu, malgré ton infernal génie de l'intrigue. Ce que tu redoutais tout à l'heure, je le ferai ! L'une des deux nièces mourra et j'épouserai l'autre. Alors ma fortune sera encore plus considérable que la tienne, et si tu veux la guerre, tu l'auras ! Oh ! ne hausse pas les épaules. Tu auras en moi un ennemi terrible. Que sont les liens du sang entre nous ? Rien ! Tu l'as dit toi-même. Tu m'as joué, tu m'as trompé, tu t'es servi de moi comme d'un vil instrument : je me vengerai ! Garde-toi ! Je connais une partie de tes secrets, je...

— Silence ! commanda impérativement le roi du bagne. Si tu tiens à la vie, cesse ce jeu terrible que tu joues devant moi ! Oser entrer en lutte avec moi, le roi du bagne ! Sais-tu que parmi tous ces hommes qui m'entourent, et qui ne craignent rien cependant sur la terre, pas un seul n'oserait entreprendre un tel combat ! Crois-tu donc d'ailleurs, qu'un colosse de puissance puisse être attaqué par un pygmée de ton espèce ! Crois-tu que j'aie pu oublier une précaution à prendre ? Soumets-toi, Bamboulâ, car tu es à moi ! tu m'appartiens, et tu ne peux m'échapper ! Je ne puis te dénoncer moi-même ? non sans doute, mais tu n'en es pas plus pour cela à l'abri de la justice. Il est un homme qui t'a vu jadis à Brest, qui t'a rencontré à Paris, qui a été sur le point de te reconnaître et auquel un seul mot ouvrirait les yeux.

— Un homme ! répéta Bamboulà.

— Oui.

— Qui donc ?

— Tout simplement Mahurec, et si tu veux savoir la vérité, je t'avouerai que c'est parce qu'il peut te dénoncer, un jour, en te reconnaissant, que je ne l'ai pas tué dans les jardins de l'hôtel la nuit de l'incendie, comprends-tu ?

Bamboulà regarda encore le terrible personnage.

— Mais si je suis pris un jour, dit-il, ce jour-là je te dénoncerai.

Camparini sourit.

— La royauté du bagne, dit-il, est plus solidement établie que tu ne le penses, et le jour où tu serais arrêté, tu mourrais avant d'avoir pu parler. Maintenant, agis à ta guise, épouse l'une des nièces si bon te semble... je ne m'y oppose pas !

A cette révélation inattendue qui le privait de sa dernière espérance, qui détruisait son dernier rêve, le comte demeura foudroyé. Il savait que le roi du bagne ne pouvait mentir ; il comprenait qu'il était vaincu. Le roi du bagne parut jouir un instant de son triomphe ; puis se rapprochant de son interlocuteur :

— Il dépend de toi, dit-il, que tes plus beaux rêves d'avenir soient réalisés. Obéis-moi ! soumets-toi ! Avant dix-huit mois, tu seras en possession de l'héritage des Niorrés, tu prélèveras cent mille livres pour tes revenus. Jure-moi obéissance et je ferai de toi, mon fils, l'un des hommes les plus puissants de ce monde. Tu comprends aujourd'hui toute l'étendue de ma domination ; te soumets-tu ?

Le comte regarda le roi du bagne ; un combat formidable semblait s'accomplir dans son âme. Enfin ses traits crispés se détendirent ; sa résolution était arrêtée.

— Je me soumets ! dit-il d'une voix frémissante.

ÉPILOGUE

UNE JOURNÉE A PARIS EN 1790

Rien ne nous semble plus curieux et plus intéressant, en présence des changements qui transforment si magiquement la capitale, que de reconstruire, par la pensée, ce Paris, berceau de la civilisation moderne, tel qu'il était aux siècles précédents ; de rebâtir, là où s'ouvrent aujourd'hui ces artères gigantesques, des quartiers resserrés, populeux et étouffés ; de relever, à la place occupée par ces jardins spacieux et élégants, les vieux monuments qui ont dû disparaître; de faire renaître ces cloaques infects devenus des promenades charmantes ; ces rues étroites, sinueuses et ressemblant à des défilés, changées en voies larges, aérées et droites.

Nous avons décrit, en écrivant le *Capitaine La Chesnaye* le Paris de Henri IV ; déjà, en traçant les pages qui précédent, nous avons essayé de décrire le Paris de Louis XVI ; mais il est un endroit de ce Paris dans lequel ne nous ont pas encore conduits nos promenades, que nous avons laissé dans l'ombre, et qui cependant, par la métamorphose qu'il a subie, plus que tout autre mérite certes que nous nous en occupions.

Nous voulons parler de ce point central de la capitale où s'élève ce palais majestueux, le plus beau, le plus régulier de tous les royaux séjours, et qui, de simple pavillon de chasse au milieu d'une forêt, qu'il était encore sous la seconde race, de forteresse servant à commander le fleuve qu'il était devenu au x⁰ siècle, commença enfin, en 1204, à servir de résidence au roi de France, Philippe Auguste, tout en conservant son nom de Louvre, venant du latin *Lupara* ou *Loupara* (Louverie), nom qui rappelait sa première origine : nous voulons parler de ce palais reconstruit par Pierre Lescot sur les ordres de François Iᵉʳ, achevé par Henri II, et relié au nouveau palais des Tuileries, sous les règnes successifs de Charles IX, d'Henri IV et de Louis XIII, et par les soins des architectes Philibert Delorme, Androuet Ducerceau et Metzeau ; nous voulons parler, enfin, de ce palais dont Louis XVI fit construire la colonnade, que lui-même et ses successeurs abandonnèrent pour Versailles, dont Napoléon Iᵉʳ fit restaurer les bâtiments et refaire les appartements intérieurs, et qu'il appartenait à Napoléon III de terminer, achevant en quelques années, sous l'influence magique de sa volonté puissante, l'œuvre commencée depuis plus de trois siècles.

Avant la première période impériale, le château des Tuileries était tel encore que l'avait laissé Louis XIV.

En 1790, c'est-à-dire cinq ans après que s'étaient accomplis les événements que nous avons rapportés, la résidence, redevenue forcément royale, était loin de répondre au tableau que l'on peut s'en faire aujourd'hui, par l'inspection de ses bâtiments aérés, de ses proportions grandioses et de ses abords dégagés. A cette époque, l'esplanade, qui sépare le vieux Louvre des Tuileries, était occupée par des maisons particulières, des cours, des hôtels, des jardins murés, des rues étroites, obscures, montueuses, qu'on pouvait, naguère, se figurer encore par les derniers vestiges de la rue du Doyenné.

Deux ou trois de ces rues aboutissaient à la place du Carrousel.

En face de leur ouverture s'élevait l'enceinte du palais, non pas précisément à l'endroit où gît maintenant la grille, mais à vingt pas en arrière, ce qui rétrécissait considérablement les cours. Cette enceinte était formée par une ligne de bâtiments de chétive apparence et n'offrant, au dehors, qu'un mur mal crépi, haut de quinze à vingt pieds, sans autre ouverture que les trois portes donnant accès dans les cours du château.

Ces bâtiments, qui ressemblaient aux anciennes demeures féodales, servaient, à droite et à gauche des entrées, de logements au concierges, qui y tenaient des restaurants, et l'on avait pratiqué, dans le reste de leur pourtour, des corps de garde et des casernes pour les troupes du service ordinaire.

L'espace, entre la façade du château et son enceinte extérieure, était divisé en trois cours d'inégales grandeurs, par deux rangées parallèles de bâtiments semblables à ceux que nous venons de décrire.

La première à gauche, celle qui précédait le pavillon de Flore, et que fermait d'un côté la galerie du Louvre, se nommait la cours des Princes ; sa porte d'entrée était voisine des deux guichets qui font communiquer le Carrousel avec le quai. La seconde, appelée cour Royale, était de beaucoup la plus vaste : elle conduisait au vestibule du pavillon de l'Horloge, et elle était bordée, latéralement, par les deux rangs de bâtiments que nous avons déjà signalés. La troisième cour était celle des Suisses : elle occupait les abords du pavillon de Marsan et avait, comme les deux autres, une porte s'ouvrant sur la place du Carrousel.

On voit qu'alors la grande cour qui s'étend aujourd'hui d'une extrémité à l'autre de la façade des Tuileries, au levant, était partagée en trois quadrilatères, bordés, sur toutes leurs faces, d'édifices qui les enceignaient.

Du côté du jardin, l'aspect était à peu près le même que de nos jours.

A l'époque où nous reprenons notre récit, c'est-à-dire en 1790, dans les premiers jours de janvier, et au moment où dix heures du matin sonnaient à Saint-Roch, un jeune homme de taille moyenne, maigre et d'apparence chétive, portant l'uniforme de lieutenant d'artillerie, paraissait être en contemplation devant la porte principale du palais des Tuileries, celle donnant au milieu de la place du Carrousel.

Depuis quelques instants le jeune militaire, immobile et silencieux, se livrait à la rêverie profonde qui semblait l'absorber, lorsqu'un personnage, de quelques années plus âgé, et vêtu avec un laisser-aller tout artistique, déboucha à son tour sur la place, aperçut le lieutenant d'artillerie, poussa une exclamation joyeuse et marcha vivement vers lui.

— Que contemplez-vous là ? demanda-t-il d'une voix comiquement tragique.

Le jeune officier se retourna, en tressaillant, comme si l'on venait de le tirer d'un lourd sommeil.

— Talma ! dit-il.

— Et oui ! moi-même, mon cher ami ! Par quel heureux hasard êtes-vous donc à Paris ? Je vous croyais à Valence.

— Je ne suis que de passage ici, répondit l'officier d'artillerie. Mais, à propos, j'ai à vous complimenter. J'ai eu connaissance de tous vos succès au théâtre. Le manteau de Lekain est bien placé sur vos épaules !

— Il y a pourtant pas mal de gens qui prétendent que je ne puis le porter... que par derrière, dit Talma en riant, mais l'avenir jugera. En attendant, que faisiez-vous devant le palais?

— Je contemplais la demeure d'un roi prisonnier.

— Et vous vous disiez... ?

— Rien ! répondit l'officier en secouant la tête.

Talma, en homme de goût, n'insista pas.

— A ça ! reprit-il, puisque le hasard nous a fait nous rencontrer ce matin, nous passerons la journée ensemble. Qu'avez-vous à faire?

— Mais... peu de chose.

— Où allez-vous ?

— Je me promène dans Paris. C'est là le seul but que je me proposais. J'étais, et je suis encore, curieux d'étudier la physionomie de la grande ville en face des événements qui se préparent.

— Qu'à cela ne tienne ! flânons ! je demande pas mieux. Je n'ai pas de répétition aujourd'hui. Allons au hasard !

Et Talma, prenant le bras de son compagnon, l'entraîna dans la direction du Palais-Royal. Bientôt tous deux pénétrèrent dans ce jardin du palais, centre de l'industrie, foyer du commerce, arène toujours ouverte aux factions qui en avaient fait déjà plusieurs fois le rendez-vous de leurs complots et le théâtre de leurs combats.

Une multitude curieuse entourait, à rangs pressés, un homme monté sur une table. Cet orateur, que la foule applaudissait, déclamait avec une extrême véhémence contre la perfidie de la cour, l'orgueil des nobles, la cupidité des riches et la paresse des législateurs. Il échauffait les passions de son auditoire par une parole fière, hardie, entraînante, jetant à ceux qui l'écoutaient, les motions les plus incendiaires. L'officier et Talma se mêlèrent à la foule.

— Bravo, Danton ! cria Talma lorsque l'orateur, après avoir achevé sa péroraison, sauta lestement, à terre, au milieu des applaudissements des uns et des injures des autres.

— Danton ! répéta l'officier.

— Eh oui ! l'ancien avocat, à présent le président fondateur du nouveau club des Cordeliers !

— Salut, Talma ! dit Danton sur un ton tragique et en tendant la main à l'artiste déjà célèbre.

Un quatrième personnage arriva, s'avançant, avec empressement, vers Danton :

— Eh ! bonjour, Brune ! dit l'orateur. Te voilà donc rédacteur en chef du nouveau *Journal de la Cour et de la Ville* ?

— Oui, mon cher Danton ! répondit Brune avec une familiarité qui indiquait une amitié sincère.

— Ce soir, tu seras chaudement accueilli au club des Cordeliers, dont tu es, avec moi, le fondateur.

Brune regardait le lieutenant d'artillerie.

— Vous étiez à Valence, l'année dernière ? dit-il en rappelant ses souvenirs.

— Oui, répondit l'officier, j'y suis même, encore, en garnison.

— Mais moi aussi, dit Danton, j'ai eu le plaisir de vous voir, seulement, je ne sais plus où ?

— Votre mémoire, dit Talma, ne réveille donc pas le souvenir d'un voyage à Versailles ?

— Eh oui ! dit Danton. Dans un carrabas ! C'était à l'époque de l'affaire de ce pauvre Bernard et de celle de ces deux gentilshommes qui avaient commis un si grand nombre d'assassinats.

— Cela est vrai. Il me semble même que ces deux gentilshommes, dont vous parlez, étaient avec nous dans la même voiture.

— Parfaitement.

— Et que sont-ils devenus ?

— Ma foi ! je n'en sais rien. Ils ont été embarqués sur un ordre du roi, qui avait commué leur peine, et ils sont en Amérique, je pense. Au reste, je ne pourrais vous renseigner à leur égard, car, je vous le répète, depuis leur départ on n'en a plus jamais entendu parler.

— Et ce matelot qui paraissait leur être si dévoué, et qui, m'a-t-on dit autrefois, a contribué à les sauver de l'échafaud ?

— Ah ! ah ! attendez donc ! Un pauvre diable qui avait un singulier nom... Il est parti avec le marquis d'Herbois et le vicomte de Renneville, autant que je puisse me souvenir, et on ne sait pas non plus ce qu'il est devenu.

— Et le malheureux M. de Niorres ?

— Il est mort deux ou trois mois après le procès. Sa belle-sœur ne lui a presque pas survécu.

— N'avait-il pas deux nièces ?

— Oui ! les causes innocentes, mais principales des

empoisonnements : celles qui devaient épouser les deux officiers de marine.

— Sont-elles donc mortes aussi ?

— Non ; elles sont au couvent. Elles se sont admirablement conduites. Lors de la mort de leur oncle, elles ont fait une renonciation à la fortune qui leur revenait.

— Les pauvres jeunes filles ont prononcé leurs vœux ?

— Ma foi ! je n'en sais rien, mais...

Danton s'arrêta.

Un homme, tout jeune encore, portant l'uniforme du régiment des hussards, avec les galons de brigadier, se promenait dans le jardin et il s'arrêta près du groupe, en souriant.

Brune lui serra la main.

— Mon cher Ney, dit Danton, vous rappelez-vous, tout brigadier que vous soyez, vos souvenirs de clerc de notaire ?

— Oh ! je n'ai rien oublié, dit Michel en saluant militairement l'officier d'artillerie.

— Eh bien ? n'est-ce pas à l'étude, de votre notaire, que les demoiselles de Niorres ont déposé leur acte de renonciation ?

— Oui ! répondit Michel.

— Est-ce qu'elles ont prononcé leurs vœux ?

— Non, pas encore. Elles veulent attendre qu'elles aient vingt-cinq ans révolus.

— Pourquoi ?

— Ah ; je ne saurais vous dire la cause de cette détermination, mais elle est formelle, j'en suis certain. Or, elles n'auront vingt-cinq ans que dans trois ans, en 1793.

— Messieurs, dit Danton, je vous demande pardon, mais il faut que j'aille au Châtelet.

— Tiens ! fit Michel, je vais précisément de ce côté.

— Et nous vous accompagnons, ajouta Talma en reprenant le bras de l'officier.

Tous quatre quittèrent le jardin du palais et se dirigèrent vers les halles. Là Paris offrait une toute autre physionomie que celle qu'il présentait dans le jardin du Palais-Royal, c'était l'activité d'un grand marché, au milieu de la paix la plus profonde. En traversant la rue Saint-Honoré pour gagner les quais, Danton se heurta presque contre deux bourgeois, qui marchaient en flânant le long des boutiques.

— Ah ! s'écria l'un des promeneurs en faisant un soubresaut en arrière: monsieur Danton ! mon illustre locataire.

— Tiens ! monsieur Gorain ! fit l'avocat en s'arrêtant. Cela va bien ? Et vous aussi, monsieur Gervais ?

Gorain et Gervais répondirent, en hommes extrêmement flattés de l'honneur que leur faisait l'orateur politique déjà célèbre, et dont le nom s'accolait parfois à celui de Mirabeau.

— Vous allez voir juger M. de Favras? demanda Gervais.

— Oui. Mais à propos, continua Danton en fronçant ses épais sourcils, on m'a fait un singulier rapport contre vous, Messieurs ?

— Contre nous ! balbutia Gorain en pâlissant.

— On m'a affirmé que vous étiez tous deux des satellites du pouvoir monarchique, que vous aviez sollicité jadis, vous Gervais, un brevet de fournisseur du ministre, et vous, Gorain, la dignité d'échevin. Cela serait-il vrai ?

— Moi, grand Dieu ! dit Gervais dont la physionomie revêtait les couleurs de l'arc-en-ciel. Jamais, au grand jamais, je n'ai eu la pensée... Je suis bon patriote...

rien que patriote... Je suis fournisseur du peuple, ce bon peuple, cet excellent peuple, je...

— Moi, interrompit Gorain, j'étais à la prise de la Bastille, ainsi...

— Très bien, dit Danton, mais veillez sur vos actions, vous êtes mal notés dans le district.

— Nous irons au club tous les soirs ! dit vivement Gervais.

— Et nous portons toujours la cocarde patriotique ! ajouta Gorain en se baissant pour faire voir son chapeau surmonté de la cocarde tricolore.

— Venez au club, soyez patriotes, reprit Danton. Vous êtes influents dans votre quartier : c'est à vous à donner le bon exemple.

— Nous vous le promettons, monsieur Danton, nous vous le promettons ! dirent à la fois les deux bourgeois que la peur faisait trembler.

Danton leur fit un geste moitié amical, moitié menaçant et continua sa route suivi de ses trois compagnons.

— Ah mon Dieu ! fit Gorain en s'appuyant sur le bras de Gervais, il ne manquerait plus que ce maudit échevinage qui m'a causé tant de maux et tant de tribulations déjà pour n'aboutir à rien, fût encore cause de nouvelles affaires !

— Une idée ! dit Gervais.

— Laquelle ?

— Si nous demandions à M. Danton de nous faire nommer officiers municipaux de Paris. Ça serait une fière preuve de patriotisme !

— Vous avez raison, compère ! Ce soir nous irons au club et nous solliciterons cet honneur. Si M. Danton a besoin d'argent, je lui en prêterai... il me doit déjà plusieurs termes... ainsi... nous serons à l'abri de toute dénonciation.

Et les deux bourgeois, dont la peur servait de mobile à leurs convictions politiques, s'éloignèrent enchantés de l'idée émise par Gervais.

Danton et ses amis approchèrent du Châtelet. Une foule immense, rassemblée sur le quai, obstruait le passage malgré les efforts de la garde nationale et faisait retentir l'air d'affreuses vociférations. Ces forcenés accusaient l'autorité de trahison, les juges de lenteur, et demandaient, à grands cris, la tête du marquis de Favras dont le procès était alors pendant. Au milieu des plus furieux, on voyait un homme de haute taille richement vêtu et qui paraissait exciter la foule.

C'était un horrible charivari. Danton se glissa jusqu'auprès du groupe principal et échangea quelques paroles avec l'agitateur.

— Qu'est-ce donc que cet homme? demanda l'officier d'artillerie.

— C'est un italien d'origine, puissamment riche, répondit Talma, mais qui a embrassé avec feu les idées nouvelles. C'est un ami de Marat, de Danton, de Mirabeau : il se nomme le marquis Camparini... Mais tenez, continua Talma en changeant de ton, voici encore un jeune homme, là, dans la foule, avec lequel nous avons voyagé de Paris à Versailles : c'est Tallien, qui a abandonné le notariat pour la politique. Il est aujourd'hui journaliste et président du comité de la section des Minimes.

Pendant que Talma parlait, Tallien s'était approché de Michel.

— Eh bien! Michel, lui dit-il, tu as donc fait comme moi? Tu as abandonné l'étude?

— Je n'étais pas né pour être notaire !

— Ni moi non plus, car j'ai planté là les actes pour m'occuper de politique.

— Dans quel journal écris-tu ?

— Dans l'*Ami du citoyen*, qui est celui adopté par le *Club des Jacobins*. Mais toi, continua Tallien, en changeant de ton, tu n'as quitté maître Desrousseau, que pour te lancer dans le chemin de la gloire !

— Mais, oui ! Tallien ! J'ai confiance dans ce chemin à parcourir !

— Ah ! fit Tallien en riant, est-ce que tu espères l'accomplissement de ton rêve, tu sais, le bâton de maréchal ?

— Pourquoi pas ? dit Talma qui s'était rapproché :

Le premier qui fut roi, fut un soldat heureux !

Et il se tourna vers l'officier.

Le lieutenant d'artillerie ne répondit pas: il contemplait avec une attention profonde cette foule qui l'entourait.

— Venez, dit-il en entraînant Talma ; ces clameurs font mal. Tous ces gens attroupés, et demandant la tête d'un homme, ont l'air de chiens attendant la curée !

Les deux jeunes gens descendirent les quais et gagnèrent le jardin des Tuileries.

Il faisait froid, mais le temps était superbe; la terrasse, les allées étaient remplies de promeneurs paisibles.

Les femmes les plus jolies, variées dans leurs atours comme les fleurs d'un parterre, faisaient briller dans ce beau jardin leurs parures et leurs charmes.

— Ici, dit Talma, on est à cent lieues des scènes tumultueuses dont nous venons, cependant, d'être témoins, il y a un quart d'heure à peine. Quelle singulière ville que ce Paris ; quel singulier peuple que ce peuple français !

— Le seul qui soit capable de grandes choses.

Les deux jeunes gens atteignaient alors le pont tournant.

Un grand nombre de personnes couraient vers les Champs-Elysées. Le lieutenant d'artillerie et le tragédien suivirent les coureurs. Là, il y avait émeute : d'anciens gardes françaises étaient aux prises avec un bataillon de la garde nationale. Ainsi, on discourait au Palais-Royal, on jugeait au Châtelet, on se promenait aux Tuileries et on se battait aux Champs-Elysées.

— Pour compléter la journée, dit Talma, nous irons aux clubs et à l'Opéra.

Les deux jeunes gens traversèrent la place que devaient ensanglanter les années suivantes, et ils allaient s'engager dans la nouvelle rue Royale, lorsqu'à l'angle de cette rue, en passant devant un cabaret, ils aperçurent un groupe de buveurs attablés dans un cabinet du rez-de-chaussée.

Il y avait là, le sergent Lefebvre, le caporal Hoche, l'adjudant-major Joachim, le sergent Nicolas et Augereau, encore maître d'armes, avec Jean, en bourgeois.

Au moment où Talma et son compagnon passaient devant les fenêtres, Lefebvre se levait, tenant un verre à la main.

— A la patrie ! dit-il.

— A la patrie ! répétèrent les autres.

— Nous jurons tous de la servir !

— Nous le jurons !

— Et moi aussi ! ajouta une voix joyeuse.

Et un nouveau venu franchit le seuil de la salle. C'était Michel qui venait d'entrer et de prendre un verre.

— Or donc, continua Lefebvre, nous sommes tous soldats de la France! Ça! Augereau et Lannes, êtes-vous décidés?

— Oui! répondirent les deux voix avec le même élan.

— Vous vous enrôlez?

— Oui!... oui!...

— Eh bien! Murat, ci-présent, qui a une si belle écriture, va dresser votre enrôlement.

En deux temps et quatre mouvements! cria Joachim, aussi joli soldat qu'il avait été joli abbé!

— Minute! dit Lefebvre. Avant l'engagement, il faut que tu écrives nos noms et nos qualités à tous, ci-présents! Car j'ai une idée que je crois bonne!

— Laquelle? cria-t-on en chœur.

— En cette année 1790, nous sommes tous sous-officiers ou soldats. Eh bien! en l'an 1800, nous verrons qui sera arrivé les premiers, capitaines! Ceux-là payeront à dîner aux autres et à la même date qu'aujourd'hui, le 7 janvier.

— C'est dit! répétèrent toutes les voix.

— Pour lors donc! Joachim Murat, prends ta plume et écrivasse!

— C'est à vous à commencer, sergent, dit Joachim en prenant tout ce qu'il fallait pour écrire.

Lefebvre posa ses deux poings sur la table:

— François-Joseph Lefebvre, né, à Rubach, en 1755. Soldat aux Gardes-Françaises, le 10 septembre 1773, et sergent en 1789. Seize années de service à la patrie!

Il leva son verre, que les autres choquèrent.

Joachim regarda, interrogativement, le caporal, qui dit:

— Lazare Hoche, né à Montreuil, en 1768. Engagé

aux Gardes-Françaises en 1785 et caporal depuis six mois ! A la patrie !

— A toi, brigadier ! dit Joachim après le trinquement.

— Michel Ney, né, à Sarrelouis, en 1769. Engagement en 1787 ! Vive la patrie !

Nicolas se leva :

— Nicolas-Jean-de-Dieu Soult, né, à Saint-Amans, en 1769 et enrôlé, en 1785, dans le Royal-Infanterie. Sergent depuis hier ! A la patrie !

— A toi ! dit Michel à l'écrivain et en lui prenant sa plume.

— Joachim Murat, né, en 1768, à la Bastide de Cahors, et après avoir jeté mon froc aux orties, je suis adjudant-major dans les Chasseurs !

— Pour lors, reprit Lefebvre, à nos deux enrôlements, maintenant !

— Pierre-François-Charles Augereau, parisien et né au faubourg Marceau, en l'année de grâce 1757. Enrôlé volontaire dans les Chasseurs. A la patrie !

— Jean Lannes, dit le jeune bourgeois avec une émotion qui illuminait son visage, né, en 1769, à Lectoure et je m'engage dans un bataillon de volontaires. A la patrie !

— A la patrie ! cria-t-on avec ensemble, et les verres se choquèrent pour la dernière fois.

— J'ai retenu tous les noms, dit le jeune officier d'artillerie, qui s'était arrêté, avec Talma, devant cette fenêtre. Je verrai qui sera capitaine dans dix ans. Si jamais je deviens colonel ou général, je m'occuperai d'eux, car ils sont tous braves et ça fera de bons soldats, que j'aimerais à avoir sous mes ordres.

Michel Ney et Joachim Murat, voyant, en même temps, le lieutenant d'artillerie, se levèrent en saluant.

Tous les sous-officiers se retournèrent, et Lefebvre, prenant son verre, dit respectueusement :

— Mon lieutenant! Permettez-nous de boire à votre santé!

Tous l'acclamèrent avec leurs verres. L'officier d'artillerie leva son chapeau, pour leur rendre ce salut, et il reprit sa marche avec Talma.

— Qui est-ce donc que cet officier qui a un regard si profond? dit Joachim Murat, en se penchant curieusement pour le voir.

— C'est le lieutenant Bonaparte, qui a fait ses études à Brienne, dit Michel Ney, Brune vient de me le dire.

— Et l'autre? demanda Augereau.

— C'est Talma, le célèbre acteur.

Et tandis qu'on parlait des deux promeneurs, ils atteignaient à la hauteur du boulevard, se croisant avec un magnifique équipage dans lequel se pavanait un jeune seigneur, que le tragédien salua.

— Qui est-ce donc? demanda le jeune officier.

— Un habitué du foyer de la Comédie-Française, répondit Talma, un ami du duc d'Orléans, et l'un des plus élégants seigneurs qui n'aient pas encore quitté le sol de la France : le comte de Sommes, qui a hérité de toute la fortune laissée par le conseiller de Niorres, et que ses nièces ont refusé d'accepter. C'est une longue histoire que je vous raconterai un jour, si vous voulez l'entendre.

Les deux jeunes gens remontèrent la partie inachevée du boulevard, se dirigeant vers le pavillon de Hanovre.

UN AU REVOIR A MES LECTRICES

En cette année 1790, cinq ans après le jugement rendu contre d'Herbois et de Renneville, le roi du bagne était en plein triomphe, car tous les obstacles avient été abaissés devant lui.

Le comte de Sommes dépensait follement la fortune, fruit de tant de crimes, et les revenus de la marquise d'Horbigny servaient les projets de son digne époux.

Tous ces gens jouissaient d'une impunité complète, et les secousses violentes, qui agitaient l'Etat, rendaient cette impunité plus grande et plus durable encore.

Mais, qu'était devenu l'enfant échappé au désastre de toute sa famille, et dont l'existence devait être un jour, pour Bamboulà, une épée de Damoclès perpétuellement suspendue sur sa tête, cet enfant. Ce petit-fils de M. de Niorres, que Saint-Jean avait sauvé, d'accord avec son maître, cet enfant que nous avons vu enlever et qui était bien, lui, le seul et unique héritier de ces immenses richesses que convoitait le comte de Sommes.

La jolie mignonne, la pauvre enfant du teinturier Bernard, ne devait cesser d'être la victime des crimes accomplis.

Et puis, où étaient le marquis d'Herbois et le vicomte de Renneville, et Mahurec leur fidèle matelot?

Qu'allaient devenir, enfin, au milieu de la tourmente révolutiounaire, les nièces du conseiller de Niorres, Léonore et Blanche qui étaient allées demander, au cloître, la paix du cœur et l'oubli des chagrins?

La justice divine devait-elle donc sanctionner l'erreur de la justice humaine, et laisser, impunis, tant d'odieux forfaits?

Pour éclairer la situation et ne pas rester dans le doute, il faut, mesdames mes lectrices, en disant adieu à l'Hotel de Niorres, adresser un au revoir à ce Roi des Gabiers, qui va s'empresser de vous rendre visite.

FIN

TABLE DES MATIÈRES

I. — Les cadavres. 5
II. — Monsieur de Niorres. 22
III. — Un ami. 29
IV. — Le kiosque 47
V. — Les boulevards de Paris. 53
VI. — Le Vauxhall 64
VII. — La prison. 80
VIII. — Le visiteur 101
IX. — Le feu d'artifice 118
X. — La forêt de Campbon. 131
XI. — L'attaque 147
XII. — L'Œil-de-Bœuf 162
XIII. — Le gabier 179
XIV. — Pauvre mère. 187
XV. — Rencontre nocturne 204
XVI. — Les aveux 210
XVII. — Lenoir et Fouché 219
XVIII. — La place du Châtelet 238
XIX. — Les marrons du feu 246
Épilogue. — Une journée à Paris. 263
Un au revoir à mes lectrices. 279

Saint-Amand (Cher). — Imp. DESTENAY, Bussière, frères.

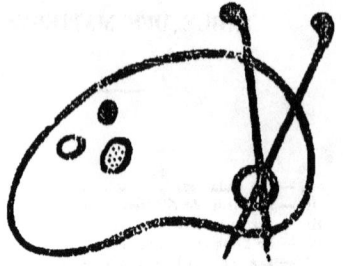

Original en couleur
NF Z 43-120-8

www.ingramcontent.com/pod-product-compliance
Lightning Source LLC
Chambersburg PA
CBHW050636170426
43200CB00008B/1039